「時間がない」を捨てなさい

死ぬときに後悔しない8つの習慣

有川真由美
Mayumi Arikawa

きずな出版

はじめに

「あと3日しか生きられない」

――そんな夢を見ました

「国民のみなさん、私たちの命は、あと3日ということに決定いたしました！」

総理大臣が、国民の前で声高らかに宣言して、私は「えーーー、あと3日だなんて……」と、へなへなと腰が砕《くだ》けているときに、まわりの人たちは歓喜の声を上げています。

「やったー！　3日も生きられるなんて最高じゃないか」

どうやらこの国の人びとの平均寿命は3時間。それが3日も生きられるのですから、寿命が24倍になったということ。なんてすばらしいんだと喜んでいるのです。

そして、5時間が過ぎ、1日が過ぎると、今度は誰もがこんなことを言い始めました。

「3日も生きるなんて拷問《ごうもん》だよ」

そんなに時間があっても、何をしていいのかわからない。退屈すぎて死にそうだ、そんなのは困るというわけで、「もっと命を短くしてくれー！」と、国民の暴動が起こる……

と、そんな不思議な夢を見ました。

年を重ねるごとに1年が速く感じるワケ

私たちの寿命は長くなり、平均すると80年以上は生きます。

正確な数字はわかりませんが、弥生時代の寿命は30歳前後、江戸時代も子どもの死亡率が高かったために、30～40歳くらいだったといわれます。

現代においても、アフリカの国には平均寿命が40代という国も少なくありません。

私たちは、いつも「忙しい」「時間がない」と言って毎日を過ごしていますが、相対的に考えると、「時間はたっぷりある」のです。

「時間がない」というのは、妄想《もうそう》に過ぎません。

では、なぜ「時間がない」と思ってしまうのでしょう？

「時間がない」は、私たちの感覚の問題だからです。

子どものときに、「一日何をして遊ぼう」と夕方になるまでの時間がゆっくりと感じられたり、夏休みの40日ほどが途方もなく長く感じられたりしたのは、「時間の心理的長さは年齢に反比例する」からという説があります。

「ジャネーの法則」といって、私たちは、いま進行している時間の体感速度ではなく、過去を振り返って感じる時間の長さの印象で、時間を感じているというものです。

たとえば、5歳の子どもにとって、1年は人生の5分の1の時間ですが、30歳の大人であれば、30分の1の時間なので、大人の1年は短く感じられるわけです。

30歳の大人にとっての1年間の感覚は、5歳にとっての6年間の感覚、大人の1時間の感覚は、子どもにとっての6時間の感覚。だから、子どもに「お外に遊びに行くまで、1時間待っていてね」ということは、まさに拷問。泣き叫んだとしても、無理もありません。明日まで待つくらい、途方もなく長く感じられることなのですから。

それが、大人になると、次々と仕事をこなしているうちに、あっという間に一日が終わる。日々の生活や、ぎっしり詰まった予定に忙殺《ぼうさつ》されたりしているうちに、一年、また一年と過ぎていく。ふと振り返ると、「なんて一年が速いんだろう」「40代はあっという間だった」なんて愕然《がくぜん》とし、「一日が36時間ぐらいあればいいのに」とさえ思うようになってしまいます。

また、時間が速く過ぎるように感じるのは、日々の生活に新鮮さがなくなって単調になるから、という説もあります。

子どものころの経験は、毎日が新鮮な驚きに満ちているため、経験の質が高く、ゆったりとした時間が流れます。

大人になっても、新しいことを始めたり、新しい環境に入ったり、旅をしたりと、これまでにない経験をした時間は、長く感じられるのではないでしょうか。

私は3か月ほどかけて、世界一周の船旅をしたことがあります。このときの時間は、いま思い出しても、一年に匹敵するぐらい長い時間感覚があります。

とくに船のなかでは、やるべきこともあまりない、テレビも電話もインターネットもない、ただ新しい世界のなかで、何をしてもいい時間のため、子どものころのように「今日一日何をして過ごそう」と〝長い一日〟の感覚があるのです。

寄港地に停泊する1～2日も、その国をじっくりと味わうために、存分に使います。「こんなところに行って、あんなものを食べて……」と、一瞬一瞬が貴重なので、とても長く感じられるのです。「一日ってずいぶん、いろいろなことができるんだなぁ」という充実した感覚は、2泊3日ほどの旅行でも感じられることが多いはずです。

ただし、時間は、長く感じられればいい、という問題でもありません。

好きなことをしている時間、充実している時間は、あっという間に過ぎるもの。「長く感じるか」「短く感じるか」よりも、中身を充実させる、つまり、時間の質を上げていくことが大事と考えたほうがいいでしょう。

やらなければいけないことが多すぎる？

さて、話は元に戻って、もう一つ、「時間がない」と感じてしまう原因は、「やらなければいけないこと」が膨大《ぼうだい》に押し寄せてきて、そのことを消化するだけで、時間の余裕も、心の余裕もなくなってしまうからです。

そのような状態を「時間に追われる」といいますが、つねに時間に攻め立てられているように感じるのは、それらがほんとうの「自分の時間」ではないからでしょう。

多くの人は、会社のため、家族のため、生活のためにと、なにかの都合に合わせなければならないことが多く、自分の時間を犠牲にしているという感覚が、いくらかあるのではないでしょうか。通勤に何時間もかけること、残業をすること、家事や育児をすること、気の進まないつき合いをすることなど、一日のうちには、「やらなければいけないこと」が山のようにあり、「時間があれば、あの人と会えるのに」「時間があれば、あの勉強ができるのに」「時間があれば、親を病院に連れていってあげられるのに」「時間があれば、子どもに絵本を読んであげられるのに」と考えてしまうでしょう。

そこで、なんとか仕事や家事などの時間を短縮したり、効率化を図《はか》ったりして、自分の時間をつくり出そうとしますが、これでは忙しさはさらに増し、「時間がない」の根本的な解決にはなりません。

そもそも、私たちの一日24時間、一年365日、そして一生の時間は、基本的に、自由に使える「自分の時間」なのです。何を選択しても自由です。

時間について考えるとき、この基本をハッキリとわかっておく必要があります。

しかし、そんな自由であるはずの毎日の時間が「自分の時間」だと思えないのであれば、次の2つの解決策があります。

〈「時間がない！」を捨てて、自分の時間を生み出すための方法〉
1　まず自分にとって、「大切な時間（自分の時間）」から確保する。
2　やっていることを、「やりたい時間（自分の時間）」にシフトする。

私たちは、仕事や家事、つき合いなど、まわりの都合で動いている雑多な時間を最初に入れて、その余った時間で、「自分の時間」をつくろうとします。

これでは、いくら時間があっても、なかなか自分の時間は手に入らないでしょう。

余ったお金で貯金しようとしても、なかなかお金が貯まらないのと同じことです。

私たち日本人が「自分の時間」を重要視できないのは、つねに地域や仕事の集団、家族親戚などのつながりが強く、「和をもって尊《とうと》しとなす」と、集団のなかで調和をとったり、自分の役割を与えられてきたりした考え方や文化の影響が大きいようです。

個であることの証《あかし》を意味する言葉「アイデンティティ」に匹敵する日本語がなかったように、私たちは、つねにまわりを優先し、「自分は何なのか？」「何がしたいのか？」を考える歴史が浅いと言わざるをえません。これは、紀元前から［汝《なんじ》自身を知れ］と、自分自身の存在に目を向けてきた西洋の文化とは大きく異なるところです。

しかし、自由な選択が許され、〝自分〟というものが前面に出てきた時代、まわりに合わせるばかりの時間の使い方では、けっして幸せになれないでしょう。

集団やまわりの人が、あなたの幸せに責任をもってくれるわけではありませんし、自分の幸せは自分で確保していく必要があるのです。

「一日のうちで、まず家族と過ごす時間を確保する」「一週間のうちで、まず恋人と会ったり、習い事や勉強をしたりする時間を確保する」「一年のうちで、まず長期旅行をする時間を確保する」……というように、まず自分にとって大切な時間を確保しましょう。

そんな予定を最初に入れてしまうと、なんとかなるもの。だらだらとする時間がなくなり、時間のやりくりをして、大切な時間のために合わせるようになってきます。

「時間がない」という言い訳はもうやめませんか？

やりたいことをやる人生にシフトする

そして、もう一つ。なんのかんのいっても、現状を変えることが難しいというときは、自分の時間をつくり出すことよりも、やっていることを「やりたいこと（自分の時間）」にシフトしていくことを考えるのが解決の近道です。

たとえば、私はつねづね、「好きなことを仕事にするか、やっている仕事を好きになるか、どちらかしかない」と伝えていますが、好きなことを仕事として選んだ人は、当然、仕事の時間を「自分の時間」と思えるでしょう。やりたいことをやっているのですから。

でも、そうでない人も、自分がその仕事を選択したことには変わりありません。仕事のなかで、なにか好きな部分を見つけて丁寧に取り組んでいると、仕事への愛情も湧いてくるもの。そうなれば、積極的な気持ちになり、「自分の時間」という感覚にもなってくるでしょう。

なにかの目的をもつことでも、その時間は意味のあるものになっていきます。

もし、それでも「嫌《いや》でたまらない」というなら、早めに仕事を変えたほうがいいでしょう。嫌々やっているままでは、仕事においては永遠に「自分の時間」を手に入れることはできませんから。

一日の起きている時間のうち、仕事の時間は約半分。それが何年、何十年と続くのです。どれだけ収入があっても、時間という価値には変えられないはずです。

家事や育児の時間、人とのつき合いの時間なども然《しか》り。時間を自分のものにしたいなら、

「自分でやりたいからやっている」という実感が大切なのです。

そんな自分が選んでいると感じられる「自分の時間」が増えてくると、「時間を消費している」「時間を奪われている」という感覚から、「与えられた時間を味わっている」という感覚に変わってきます。

ただし、「時間がない」を捨てたい、人生の時間を大切に使いたいと思うなら、それだけでなく、「無駄な時間は思い切って手放す」「優先順位を考える」「ほんとうに大切なことに時間をかける」という流れが必要になってきます。

死ぬときに後悔することは、「仕事でミスをした」「試験に受からなかった」「結婚に失敗した」というやったことへの後悔よりも、「行きたいところに行かなかった」「大切な人に、ありがとうと言えなかった」「やりたいことに挑戦しなかった」という、やらなかったことへの後悔が大きいといいます。とくに、「やろうと思えばできたはずなのに、やらなかった」ということへの悔恨《かいこん》の念は残るでしょう。

「時間がない」と言って、やることを先送りしていては、「なんのために時間を使ってきたのか」と、最期にいくらか自分を責めることにもなりかねません。たった一度きりの人生、

「やりたいことは、全部やってきたから後悔はない」と思いたいじゃありませんか。

自分の時間を使うべきことを考えてみる

この本は、時間を短縮したり、時間を効率化したりするための「時間術」を書いた本ではありません。「何に時間を使うべきなのか」という人生の根本的なテーマを、あなたがいったん立ちどまって考えるためのツールにしてほしい、という思いで書きました。
そこで、人生を後悔しないために、次の「8つの習慣」をご提案したいと思います。

〈死ぬときに後悔しない時間の習慣〉
第1の習慣：自分の感覚を大事にする
第2の習慣：目的を意識する
第3の習慣：人生の哲学をもつ
第4の習慣：命の期限を考える
第5の習慣：動くことを大切にする

第6の習慣：人とつながっていく
第7の習慣：時間を積み重ねていく
第8の習慣：時間の質を上げる

時間というものは、私たちに与えられた最高のギフトであり、〝奇跡〟でもあります。時間ほど大切なものはなく、誰にも平等に、時間は淡々と流れていきます。

「何に時間をかけてきたのか」が、人生の質になり、あなた自身になっていきます。与えられた時間のことを真剣に考えると、生き方も、あなた自身も変わってきます。

大切な時間を、大切なことに使って、あなただけの大切な人生の〝ドラマ〟をつくり上げていきましょう。人生の主役は、つねに〝あなた〟なのです。

この本を読んだあなたが、自分の大切なことがハッキリとわかって、自分を幸せにする選択ができるようになり、「生まれてきてよかった！」と何度も実感し、そして人生の最期に「いい人生だった！」と思える人生になる……そのために、この本はあるのです。

有川真由美

目次

第2の習慣
目的を意識する
「自分の大切なこと」を優先するルール

第3の習慣 人生の哲学をもつ

「行動の軸」を決めるルール

第4の習慣 命の期限を考える

「グズグズの毎日」を抜け出すルール

第5の習慣
動くことを大切にする
「新しい明日」を始めるルール

第6の習慣
人とつながっていく
「心の支え」を見つけるルール

第7の習慣 時間を積み重ねていく

「情熱の人生」を楽しむルール

第8の習慣
時間の質を上げる
「贅沢な時間」をつくるルール

「時間がない」を捨てなさい——死ぬときに後悔しない8つの習慣

第 1 の習慣

自分の感覚を大事にする

「時間と感情」を整理するルール

何を軸に時間を使いますか

感情に振りまわされて、人生の時間を無駄にしない

まず、最初にお伝えしたいのは、〝時間の質〟は、〝感情の質〟と同じだということです。「いい人生にしたい」「いい一日を過ごしたい」と思うなら、「いい感情で過ごすこと」を軸に、さまざまなことを選択する必要があるのです。

つまり、「どんな気持ちで過ごしているか」「どんな感情で過ごしているか」という心の質が、時間の質になり、人生の質になっていくのです。

その人が「何をしたか」とか「どんな環境にいるか」とかいうことよりも。

たとえば、どんなにお金をもって権力のある立場にいたとしても、家族の仲が悪くて、職場では怒りっぽく、つねにストレスを抱《かか》えていたら、いい人生とはいえないでしょう。

何ももっていなくても、好きなことをやって、いつも楽しそうに生きていたら、その人の人生は幸せでしょう。また、悲劇的な運命であったとしても、その人が「自分はこれでいい」「こ

れが私の幸せ」と、誇りをもっていれば、それもいい人生。

プラスの感情で過ごしているか、マイナスの感情で過ごしているか、で人生の質は変わります。

時間の質とは、たいへん「主観的なもの」なのです。

だから、時間の質を高めたいなら、「他人から見てどうなのか」「社会的にどうなのか」ということよりも、「自分がどう感じるか」を優先するべきです。


先日、ある講演会で、とても有名な企業の創業者がこんなことを言っていました。

「私は毎朝7時前に出社して、清掃作業を数十年しています。社員もそうしています」

立派な行いです。尊敬します。私は絶対に真似できないと思います。

感動していたら、隣《となり》にいた方が、ぽつりとつぶやきました。

「自分の上司だったら、つらいだろうなぁ」

そうなのです。自分でやりたいと思ってやっている人は気分がいいのですが、「やらされている」と思ってやっている人にはしんどいものです。

ベンチャー企業の若手経営者などが、休みもほとんどとらず、寝る間も惜《お》しんで働いていることがあります。夢や希望があって、やらずにはいられないほど夢中になっているのであれば、それは幸せな時間でしょう。体調を崩さない範囲なら。

しかし、そこで働いている人たちからすると、間違いなく〝ブラック企業〟。「何時に帰れるんだろう」と時計をちらちら見ている時間は牢獄《ろうごく》にいるように感じられ、大抵は遅かれ早かれやめていくでしょう。

ただし、「やらされていること」に対して、だんだん気分がよくなってくることもあります。1年間、早起きして掃除をしていたら、「きれいになるって気分いい！」という爽快感《そうかいかん》を感じ、「私ってすごい！」という自信がつき、「もっとやりたい！」と思うかもしれません。

そんなプラスの感情になれれば、やってきた時間は、意味のある時間だったといえるはずです。

何かに夢中になっているとき、時間は速く過ぎていくものです。恋をしていて大好きな人と過ごす時間はあっという間。ママ友たちとランチ会でおしゃべりをしていると、すぐに日が傾いてくる。大好きな趣味の時間は、いくらあっても足りない……というように。

これに対して、とくにやりたいわけではなく、相手の都合で「待つ」という時間は、長く感じられます。つき合いの飲み会、なかなか来ないバス、ファイルのダウンロードも、「この時間はあとどれくらい続くんだろう」とイライラしてきます。

時間の質は、「受け身」ではなく、「積極的」に過ごすほうが高まるのです。

なぜなら、そのほうが圧倒的に気分がいいですから。


とはいえ、です。幼い子どもが遊びに夢中になるように、ただ「やりたい」という気持ちだけで動いていれば、「うれしい」「楽しい」といったプラスの感情ばかりでしょうが、大人として社会生活を送っていれば、「受け身」になることばかりです。

毎日、同じ時間に会社に行かなきゃいけない、会社の方針に従わなきゃいけない、嫌な人ともつき合わなきゃいけない……というように。

自分の期待と現実が乖離《かいり》しているということは、山のようにあります。テレビのニュースを見ると、腹立たしいこと、心を痛めることもあるでしょう。「マイナスの感情をなくせ」ということは、「感情をなくせ」というようなもの。つねに私たちの生活には、マイナスの感情になる要因があり、気がつくとイライラ、モヤモヤ状態ということに……。


さまざまな感情の持続時間を計った研究があるそうです。

脅《おど》かすわけではありませんが、感情のなかでいちばん長く続くのは、「悲しみ」と「強い嫌悪感」。「喜び」や「安心感」といったプラスの感情よりも、ずっと長いといいます。

大切な人を失った喪失感や、激しい憎しみの感情は、しぶとく心のなかに居座ってしまうものです。

マイナスの感情にとらわれているときは、幸せを感じる時間を失っています。

仕事や家事などが手につかなかったり、冷静になれずに、自分にとっていい選択ができなくなったりすることもあるでしょう。これは、もったいない時間です。

苦しさ、怒り、不安を解消するために、多くの時間を使うこともあるかもしれません。

だから、プラスの感情を生み出し、マイナスの感情をできるだけ追い出す「感情の整理」が必要になってきます。

大丈夫。時間が主観的なものであるように、感情も主観的なもの。自分がどう受けとめるかで、感情は変わり、時間の質も変わってきます。

感情とは、いってしまえば〝妄想《もうそう》〟です。

自分で生み出しているのですから、自分で手放すことも可能です。

まずは、一日1回でも、「今日はどんな気分で過ごしたか」、考えてみてください。

そして、少しずつでも、いい気分で過ごすための行動を選択していきましょう。

マイナスの感情になっていたら、少しでも明るい方向に進めることが必要です。

クヨクヨしていたら気楽に考えるようにする。どうしようもないことは考えないようにする。

イライラしていたら、プラスに考えてみる……。そんなところから、一日が輝き始め、人生の時間の質は高まっていくのではないでしょうか。

死ぬときに後悔しない時間の習慣

毎日を「上機嫌で過ごす」と決める

感情はオフにできないから、感情と仲良くつき合う

時間のとらえ方、感情のとらえ方というのは、主観的なものと書きましたが、一方で、〝客観的〟な目をもつことも必要です。

「感情」と「理性」は、別物なのです。心のなかに、「感情」という少しばかり臆病な生き物を飼っていると考えてください。

仮に、犬、とでもしましょう。

その犬は危険なことをすぐに察知して怯《おび》えます。自分を傷つける相手だと感じると、制御不能《せいぎょふのう》。怖がって走りまわったり、攻撃的になったりします。

でも、うれしいことに対しては、尻尾を振って、すばらしいパフォーマンスを見せてくれるし、信頼できる相手には、ちゃんと従います。

そんな単純で、かわいらしい犬を飼い馴《な》らすのは、〝あなた〟です。犬の気持ちにちゃんと耳

を傾けて、「いやいや、そんなに怖くないから」と教えてあげればいいのです。

感情は、すぐにオフにすることはできません。生き物なのですから。

「怒りが収まらない」「モヤモヤが晴れない」ということがあるでしょう？

理性は冷静になりたいと思っているのに、なにかに対する〝恐れ〟の感情が暴走して、ストップをかけられないのです。

「どうして、こんなに嫌な気持ちになるのか」という理由をわかってあげると、心のざわつきは、ある程度、収まります。

嫌な気持ちになるのは、自分にとって〝都合の悪いこと〟があるからです。

たとえば、「なぜか私にばかり仕事がまわってきて忙しい」とか「家のことは、ぜんぶ私がしなきゃいけない」とかいうとき、ついついまわりに冷たい態度をとってしまうもの。イライラして、関係のない相手に当たってしまうかもしれません。

自分にとって不都合な人が存在するのは、脅威《きょうい》なのです。たとえ相手に悪意がなくても。

「こんな感情になってはいけない」などと自分を責める必要はありません。

自分がちゃんと、自分の本音をわかってあげればいいのです。

あなたは心のなかで、「ありえないの！」と叫びそうになるでしょうが、そこを「あるかもね」と言い換えてみてください。物事には必ず理由があるのですから。

すると、「私は仕事が速いから頼まれるのよね」「あの人は、あんな人だからしょうがない」と、心がいくらか落ち着き、「じゃあ、どうしましょうかね？」という発展的な気持ちになっていきます。

「ありえない！」と受け入れられないままでは、進歩のないまま時間は過ぎていきます。

「あるかもね」と受け入れられれば、心はラクになり、安らかな時間が戻ってくるのです。

感情があって言葉があるのではなく、言葉や行動によって感情は後追いすることになっていきます。笑顔でいたり、人と話したり、体を動かしたりしているうちに、どうでもよくなってくることもあるでしょう。

「都合の悪いこと」の裏側には、「都合のいいこと」が必ずあります。

感情が暴走しているときは、ほかのことは見えなくなってしまうのです。

そもそもすべての生物は、生きていくために、「都合のいいこと」より「都合の悪いこと」、つまり危険を察知するようにできているといいます。

だから、感情は少しばかり臆病者なのです。

また、「マイナスの感情」があるからこそ、「プラスの感情」は味わい深いものになります。すべての感情には意味があり、そして一時的なもので、必ず変化していきます。

落ち着かないときも、焦《あせ》らずに「時間が解決するだろう」と気長に考え、淡々とやり過ごしていれば、厄介な感情はちいさくなっていきます。

これ以上、マイナスの感情に振りまわされて、時間を無駄にするのはやめにしましょう。

自分の感情は、自分の責任。自分でなんとかするという意志が必要です。

〝理性〟であるところの、もう一人のあなたは、心のなかの〝犬〟にとって、信頼できる賢い主人でいてください。

死ぬときに後悔しない時間の習慣

「マイナスの感情」は、自分で解決すると決める

「たくさんのことをするのがいい」という価値観を捨てる

「時間がない」。それは、現代社会に生きる多くの人が抱えている切なる思いでしょう。

休みをとる暇《ひま》がない。旅行する時間がない。寝る時間がない。家族とゆっくり話す時間がない……というように。

こんなに忙しい生活を送る必要があるのでしょうか？

いま優先していることは、ほんとうに心が喜んでいることなのでしょうか？

「みんなそうだから」「仕方がないから」という理由で、片づけてしまってもいいのでしょうか？

「うーん……」と唸《うな》ってしまうのなら、現状を変えたいと思っているのではありませんか？

では、なぜ「時間がない」という状態に陥《おちい》ってしまうのでしょう？

簡単にいうと、たくさんのことを詰め込みすぎているからです。

社会生活を送っていると、そのなかの一員として、「やらなきゃいけない」と感じることは、次から次へと押し寄せてきます。

それをこなしていくことに、「よくやった、私！」と、ある種の達成感や快感があることも否《いな》めないでしょう。人から評価されたり、感謝されたり、重宝《ちょうほう》がられたりすると、自分の存在価値を証明されるようで、いくらかの快感があります。

雑誌やビジネス書には、「一分一秒でも時間を無駄にしない」「人の何倍もの仕事をする」といった「たくさんのことをして、忙しくすること」をあおる内容の文章が躍っているように見えます。プライベートでも、遊びや学び、人との交流など、たくさんの予定を入れて忙しく過ごすことで安心したり、「充実している」と思ったりするかもしれません。

しかしそれは、心の奥底に、「忙しくしないこと」への、焦りや無価値感、罪悪感、孤独感、空虚感などの〝恐れ〟があるからではないでしょうか。

「心からそれをしたいから、忙しくしている」ということなら問題はありませんが、そんな〝恐れ〟を避けるための忙しさであるのだとしたら、見直す必要があります。

とくに、それほど大切なことでもないのに「やらなきゃいけない」と、ハードワーカーでヘトヘトになっている人は、こうした〝恐れ〟を埋め合わせるために中毒的に忙しくしている、ということがあります。

心の満足を得られないまま、がんばりすぎて消耗しきってしまう「燃え尽き症候群」も、「もっと、もっと」とやりすぎてしまった結果でしょう。

また、人は、「さほど重要でないけど、緊急なこと」への時間を優先してしまう傾向があります。「重要だけど、緊急ではないこと」の時間は後まわしにして。

健康に関わる時間、大切な人との時間、やりたいことをやる時間、学ぶ時間などは、とくに期限が設定されていない場合、ついつい後まわしにして、期限があることを先にやってしまうのです。

しかし、毎日を忙しくしているタスクは、よく考えてみると、「やらなきゃいけないこと」ではなく、「やらなくてもすむこと」が多いものです。

にっこり笑顔でできないくらいなら、それはやらなくてもいいのです。

気がつけば予定が入りすぎているというときは、自分の心を軸にして、「この予定は、ほんとうに、必要？」と考えてみてください。

そして、「ほんとうにやりたいこと」を一番に予定を組んでください。

「時間を無駄にしない」というのは、たくさんのことをすることではなく、余計なことにかける時間を手放し、大切なことに時間をかけることです。

やることを「増やしていくこと」でなく、「減らしていくこと」こそ、複雑化してきた現代社会を生きる私たちに与えられた課題なのです。

心穏やかに生きるためには、自分にとって「必要なものだけを求める」「必要なことだけをする」という価値観が大切だということです。

死ぬときに後悔しない時間の習慣

「ほんとうに必要？」自分の心を軸にして予定を組む

情報に振りまわされない

先日、ある高校の先生が、こんなことを言っていました。

「いまの高校生はほとんどスマホをもっていて、平均して毎日1時間ぐらいは、家でスマホに向き合っている。だから、勉強時間や睡眠時間をつくるのが大変なんですよ」

かれこれ20年ほど前は、テレビゲーム全盛期。あの時代に私が高校生だったら、きっとそれに流されて堕落《だらく》していただろうと思ったものですが、現代のスマホ世代には、さらに時間を管理する意志の力が必要でしょう。

「高校生たちは、ちゃんと勉強しているんですか？」

と聞くと、先生は、

「それがちゃんとやっているんですよ。スマホは時間を決めて見ているんでしょう」

その学校は進学校で勉強やスポーツにも熱心、スマホはつき合いにおいても必要とのことでしたが、高校生なりの葛藤《かっとう》もあるかもしれません。

私たち大人は、ネットやSNSにつながる時間において、この高校生たちのような制限はなく、自分で管理しないかぎり、ほぼいくらでもできます（仕事時間以外は）。電車のなかで、誰もがスマホの画面を見ている光景は、あたりまえのように展開されています。

「ふーん。そうなんだ」とさまざまな情報を得るのは、ちょっとした〝快感〟があるのです。なかには、「たくさんの情報を得ることが、仕事や生活には必要」「情報こそ財産」とばかりに、向上心の高さから、あれこれとアクセスしている人もいるでしょう。

そのちょっとした〝快感〟は簡単に、ほぼタダで得られるために、「もっともっと」と求め続けてだんだん麻痺《まひ》し、「スマホがないと、落ち着かない」「一人でいると、なんとなく見てしまう」という、いわゆるネット中毒になってしまいます。

ですが、一方で、何かにつながり、情報を得ることで、心がざわつくことがあるのも事実です。待っているメールの返信がなかなか来ないと、「なんでよ?」とイライラしたり、「どうして芸能人のコメントがニュースになっちゃうの?」というようなどうでもいいことに、いちいち違和感を覚えたり。なかにはSNSで人がやっていることをチェックして、「いいなぁ、それに比べて私は……」と自分を卑下《ひげ》したり、レベルの低い書き込みを見て虚《むな》しい気持ちになったりする人もいるでしょう。

私は本を書いている間は、SNSもブログも記事をあまりアップしませんが、ふとした拍子に見てしまうと、「あぁ、ブログを更新しなくてごめんなさい」という罪悪感が湧いてきます。SNSでコメントを書いてくださっている方がいると、「返信しなきゃ」と焦りも湧いてきます。

でも、ストレスになるくらいなら、やらないほうがいいのです。

自分のペースでおつき合いするしかないと思い直して、再び放置状態……。

また、入ってくる情報が増えれば、心の負担は重くなります。

心だけでなく、脳がその情報を処理するために動き続け、ヘトヘトに疲れてしまいます。

さほど重要でもない情報を集めても、ほんとうの満足には行きつかないはずです。

そして、いちばんの弊害《へいがい》は、「自分の選択ができなくなること」だと思います。

たとえば、「この美容法がいい」と紹介されていて、「いや、それはよくないという専門家もいる」「こっちのほうがお得」という言葉に踊らされたりして目移りをしていると、過剰な情報でだんだん混乱してきます。「自分にとって、ほんとうに必要なことは何か」、すっかり忘れていたり、それを考える機会さえもなかったりするのではないでしょうか。

選択肢は多ければいいというものではありません。

情報も多ければいいというものではありません。多いから悩むし、判断を下しにくくなるのです。情報にアクセスしている時間は、相手に答えを求め続ける受け身の状態。自分で感じたり、考えたりする時間を失っています。

選択するための答えは、外側ではなく、いつも自分のなかにあります。

情報はそれをサポートしてくれる程度のものと位置づけ、つねに、自分が軸になっていることを忘れないでください。

死ぬときに後悔しない時間の習慣

「心がざわつく」と感じたら、情報から離れる

モノに振りまわされない

〝モノ〟と〝時間〟は関係ないと思われるでしょうが、これが大いにアリなのです。

モノをもつということは、時間を奪うのです。

モノが増えれば、必然的にそのことを考える時間、心配する時間が増えます。

モノを買いに行くと、選ぶ時間が増えます。モノを管理しなければいけない時間が増えます。

モノを探す時間も増えるかもしれません。探しモノが一つ見つからないだけで、ぐったり心が消耗した経験は、誰もがあるでしょう。

これでは、私たちがモノをコントロールしているのではなく、モノにコントロールされていることになってしまいます。

しかし、私が伝えたいのは、もっと本質的な問題です。

ウルグアイの前大統領、ホセ・ムヒカ氏のこんな名言があります。

「人はモノを買うとき、お金で買っていないのです。そのお金を貯めるための人生の割《さ》いた時間で買っているのです」

私たちが、分不相応なマンションや車を買うために、一体、どれくらいの働く時間を提供することになるのでしょうか。まして、「ローンがあるから仕事をやめたくてもやめられない」「離婚をしたくてもできない」など、我慢を強《し》いられる状態になったら、さらに大切な時間を失ってしまうことになります。

ムヒカ氏が来日して、ネクタイを締めない哲学を質問されたとき、こんなコメントを残しました。

「個人的には、簡素な暮らし、質素な暮らし、モノを抱え込まない人生がいいと思っています。そんな暮らしは、ほんとうに私がしたいことをする時間が増えるということを意味します。私にとって、ややこしい暮らしとは、新車に買い替えるなど、モノを新しく買い替えること。ネクタイよりも大切なものがあるんです」

現代社会は、人びとにどんどんモノやサービスを提供することで豊かになっていく資本主義の社会です。私たちは、それを提供すること、消費することに忙しく時間を使い、それを買うための労働にさらなる時間を使います。

だから、モノやサービスはどんどん提供され続け、それを求めれば私たちは、どんどん時間を失っていくことになります。

その罠《わな》にまんまと引っかかって、人生の大切な時間を犠牲にしてはいけないのです。

もちろん、そういう物質的に豊かな社会を否定しているわけではありません。

それを利用して、私たちは自分の思いを叶《かな》えていけることもたくさんあるのですから。

「足《た》るを知る」ということが大事なのです。

「もっともっと」とたくさんのモノがあっても満たされないことを、心の貧しさというのでしょう。「これで十分」と、身の丈《たけ》に合った暮らしをしていれば、心は豊か。幸せを感じるための時間、やりたいことをやる時間をなくすこともないはずです。


生活をシンプルにすれば、心の喜びや成長を深く味わえるようになります。

そして、自分のほんとうに求めていることや、ほんとうの恵みに気づけるようになります。

モノをただ減らせばいいということではなく、「これだけは手元に置いておきたい」ということだわりも人それぞれあるもの。モノに対しての自分なりの考えや姿勢をもち、「心地いい」と思えるモノだけあれば満足するという感覚が大事なのだと思います。

また、あれこれとモノを買うことで解決する方法を繰り返していたら、私たちは「これがないと、あれがないと」と不自由になってしまうでしょう。

いまあるものをベースに、何かをしようと考えれば、心は自由です。

「モノにコントロールされる」のではなく、精神的な自由を手に入れて、ささいな幸せを深く味わえるようになりたいものです。

死ぬときに後悔しない時間の習慣

身の丈に合った暮らしをする

損得勘定よりも、〝損得感情〟で選ぶ

「どっちにメリットがあるのか」という損得勘定ではなく、「どっちが気分がいいか」という感情の損得で選んだほうが、時間の質は上がります。目に見えるものさしよりも、目に見えないものさしのほうが、案外、正確にできているものです。

たとえば、「嫌だな〜」と感じる人と、「でも、この人とつき合うといいことがありそうだから」という損得勘定で嫌々つき合っていても、大抵はうまくいきません。

話を合わせたり、つくり笑顔を浮かべたりしているうちに、ぐったり疲れてしまうはずです。何かしたことへの見返りがないと失望するし、そんなふうに損得でつき合う人のまわりには、同じような人しか集まらなくなります。

「つき合いたいからつき合う」「好きだからつき合う」という単純な感情で動いている人は、精神的につながれる人が集まってきます。なにか親切なことをしても、「喜んではしいから」という自己完結の気持ちなので、相手に見返りを求めることもなければ、がっかりすることもないでしょう。

なにより、好きな人とつき合う時間は、「うれしい」「楽しい」といった感情があふれて、気分がいいはずです。

思い起こせば、私は書く仕事においては、損得で選んだことはありませんでした（セカンドワークなどでは、「時給が高いから」「家に近いから」といった理由で選ぶこともありましたが）。経済的に貧しかったフリーライター時代も、経費で赤字になろうと、無茶な締切日の設定であろうと、ただ「やりたいからやる」と、感情を軸に決めてきました。

直感的に、「やりたい仕事でないと、いい仕事にならない」「損得で選んでいると、長続きしない」と感じていたのかもしれません。

やりたいことだから、どれだけやってもあまり疲れませんでした。自然に体が動いて夢中でやっているうちに、成長もできたように思います。計算していたわけではありませんが、その当時一緒に仕事をした編集者たちとは、10年たったいまもつき合いがあります。

ライター仲間には、「交通費が出ないとやれません」と断ったり、「私は、この金額ではできませんと」とギャラの交渉をしたりして、「あなたも無理な要求をすんなり聞いていたら、ずっとその状態のままになっちゃうわよ」と親切に助言してくれる人もいました。

そんな人たちがみんな、書く仕事をやめてしまったのは、編集者との人間関係が続かなかったということもありますが、損得で仕事を決めていたので、感情とのズレがつねにあって、「いい仕事ができない」「仕事が楽しくない」ということが大きかったはずです。

損得勘定によって、自然な感情が妨《さまた》げられてしまうと、どこかに歪《ゆが》みが出てくるのです。

前で「感情を理性で飼い馴らす」というお話をしました。

でも、感情が理性よりも、賢いこともあるのです。

感情を侮《あなど》ってはいけません。経済市場や企業経営などにおいても、いろいろと分析したり、計算したりしたことよりもはるかに、直感的な感情が正しいこともあるのですから。

ほんとうの豊かさとは、経済的な豊かさ、物質的な豊かさよりも、「やりたいことをやっている」「好きな人と過ごす」といった時間の豊かさであるはずです。

「やりたいこと」と「やっていること」を一致させることが、時間の贅沢《ぜいたく》になっていきます。

つまり、〝感情〟と〝行動〟を一致させていくということです。

自分の感情で選べば、たとえうまくいかなかったとしても、結果を何かのせいにすることはありません。自分の責任において、「じゃあ、どうしましょうか」と進んでいけます。

もし、いま「やっていること」が、「やりたいこと」でなかったら、時間を「奪《うば》われている」という感覚が続くでしょう。

やりたいことに変えるか、やっていることを好きになるための工夫をするべきです。

「やりたいことをやっている」という感覚は、ちいさな損得を超えて、人生に豊かな満足をもたらしてくれるはずですから。

「やりたいこと」と「やっていること」を一致させる

第2の習慣

目的を意識する

「自分の大切なこと」を優先するルール

あなたがしたいことは何ですか

「時間がない」には、「松・竹・梅」がある

多くの人が、「時間がない」と口に出したり、言わなくても思ったりしていますが、「時間がない」にも、「松・竹・梅」の種類があるのです。

一つ目の「松」タイプは、やりたいことがいっぱいありすぎて「時間がない」人。

このタイプの人は、好奇心や向上心が旺盛《おうせい》で、「あれもやりたい」「これもやりたい」と思うけれど、時間が足りない。「もっと時間があったらいいのに」という、幸せな人です。

何かに対する〝快感〟を得ようと、忙しい状況をつくり出しているのですが、一日はどうあがいても24時間。「あれもこれも」では、質のいい〝快感〟は得られません。

意識的であろうと無意識であろうと、人間がやっている行動の動機は、〝快感〟を得るか、〝不快感〟を避けるかのためにあるものです（二つが組み合わさっている場合もあります）。焦ってしまうと、どれも中途半端になったり、混乱して優先順位を間違ったり、がんばりすぎて体調

を崩したりする傾向があるので、注意しなければなりません。大切にしたいことを大切にするために、何かをいったん、「手放す」ということも必要なのです。

あとになってできることもあれば、あとにはあとで「やりたいこと」が出てくるかもしれません。「いま、いちばん何をしたいのか」で選ぶことです。

そして、「竹」タイプは、とにかく充実した毎日を送ることに必死になって「時間がない」人。

このタイプの人は、さほどのプレッシャーもなく、比較的余裕のある立場の人が多いようです。あちこちのセミナーや習い事に通って忙しくしていたり、人脈を広げる活動に一生懸命だったり、さまざまな健康法や美容法を試していたり、ＳＮＳで交流することやブログを更新することに膨大な時間をかけていたりします。

やりたいことをやっているように見えて、じつは、「忙しい＝充実している」という価値観が潜在的にあって、忙しくしていないと気がすまないのではないでしょうか。

そんな人は、たとえ「何もしない時間」があっても、どう過ごしていいかわからずに居心地が悪く、また予定を詰め込んでしまうでしょう。

性分といえば性分。やったことへの満足感を得られているので、改善する必要はないのかもしれませんが、「忙しくするために、予定を入れている」という状況は、時間とお金のもったいない使い方ではあります。

というのも、こうした忙しさは、やったことへの〝快感〟が薄いのです。〝不快感〟を避けた忙しさともいえるでしょう。忙しいことに追い立てられて、一つのことをじっくりと味わう余裕がなかったり、どれも中途半端に取り組んでいたり。強いモチベーションがあるわけではないので、成果も出にくく、長続きもしないでしょう。走り続けていること自体に〝快感〟を覚えているので、「結局、何がしたかったんだっけ?」ということにもなりかねません。

「これは何のためにやるのか」「ほかに方法はないのか」と立ちどまり、目的と手段を見直せば、やることも厳選されてくるはずです。

そして、三番目の「梅」タイプ。この「時間がない」のタイプがいちばん厄介《やっかい》なのですが、「なんとなく流されてやっていること」「習慣化してやっていること」で、忙しくなっている人です。「だって、仕事が忙しいから」「家の雑用でやることが多いから」「やらなきゃいけないことが多いから」と、自分の時間や家族との時間、ゆっくりする時間がない……。

ただ日常に流されているこのタイプは、どんな立場の、どんな年齢層にも、幅広く見受けられます。じつはいちばん多いタイプかもしれません。

そうなる理由として、ほんとうにやりたいことがないこと、やりたいことがあってもその時間の重要性をちゃんと理解していないこともあるかもしれませんが、いちばんは「仕方がないから」「みんなそうだから」という時間への〝あきらめ〟があるのではないでしょうか。

日常に流されている時間は、強い〝快感〟もなく、また強い〝不快感〟もないために、なんとなく忙しく続いていきます。

さて、あなたは、どのタイプでしょうか？　まずは、それを見極めてください。

次は、ちょっと厄介な「梅」タイプの解決策についてお話しします。

自分の〝忙しさ〟は「何のためなのか？」を見極める

時間の「目的」がありますか？

なんとなく忙しい毎日を送っていた会社員が、突然、仕事をやめて、「海外の大学院に留学することにしました」と言って、旅立っていくことがあります。家事や育児、パートなどで「時間がない」と言っていた人が、子どもが寝静まってから勉強をして起業したり、長期休暇をとって資格取得の講習会に参加したり、親の介護に赴《おもむ》いたりすることもあります。

いつも「時間がない」と言っていた人でも、気持ちに火がつくと、あっさりとやってしまうもの。そうです、「時間はある」のです。

忙しいのは、仕方がないことではなく、自分で選んで、そうしているのです。

強烈に「やらずにはいられない！」と感じて、情熱をもってやっている時間は、どんなことであろうと、どんな結果になろうと、幸せな時間といえるでしょう。

「やりたいことがない」という人は、忙しさに埋もれて、自分の気持ちが見えなくなっているのかもしれません。毎晩、眠る前に「ほんとうのところ、何がしたいの？」と本音に問いかける習慣からつくっていくといいでしょう。

ただ、強烈な「やらずにはいられない！」という情熱をもてたとしても、それがつねに続くわけではないのが、人間の無常さでもあります。

私も「書かずにはいられない」という気持ちで本を書いていますが、そのモチベーションが、ずっとコンスタントに続くわけではありません。締切日を目の前にすると、「書きたい」よりも、「書かなきゃ」という気持ちが先行することもありますし、ヘトヘトになることもあります。

好きな仕事をしている人であっても、「今日は仕事に行きたくない」「しんどくてたまらない」と思う日もあるでしょう。

そんなときに必要になってくるのが、やっている時間に対しての〝目的〟です。

人生において、〝目的〟というのは、基本的にはなくてもいいのかもしれません。

人が生まれ、人が死んでいく。草木や生き物が命を全《まっと》うするように、前へ前へと進んでいく……それだけで十分なのでしょう。

しかし、社会生活を送っている人間は、ただ本能のままに生きていくわけにはいきません。

「これを叶えたい」「こんな自分になりたい」といった欲求もあるでしょう。
前に進むため、やりたいことを叶えるためには、〝目的〟が必要なのです。目的をもつことは、命の時間を大切にするための人間の意志と希望であり、知恵なのだと思います。

私は、心に陰《かげ》りが芽生えたら、本を書いてきた最初の目的である、一つの〝映像〟を思い出します。それは、会社帰りの女性が、書店で私の本を立ち読みしてくれている姿。デビュー作を書こうと思ったときに夢に出てきた映像でもあるし、あるとき、ひょっこり現実になった映像でもあります。

かつての私のように、働き方、生き方に対して「これでいいの？」と漠然と迷っている女性、「何かを変えたい」と感じながら一歩を踏み出せない女性、「自分の人生をもっといいものにしたい」という前向きな女性などに、本のなかで語りかけるひとときのために、私の「書く時間」はあります。その映像を思い出すと、また「書かずにはいられない」という気持ちが呼び戻されてくるのです。

ある編集者さんに「どうして仕事をしているの？」と聞くと、「やっぱり、本ができあがった瞬間は至福のときですから」と言うし、ある女性経営者は、「主婦が働く場所をつくりたかったから」と言います。「おいしいものを食べて笑顔になってほしい」と言う料理人、「いまの仕事で実績を積んで成長していきたい」と言う若い会社員もいます。

知人のシングルマザーたちはよく、「まずは子どもを育てるために、いまの仕事をしている」と言っていますが、「子どものために」というのも、大きな〝情熱〟でしょう。

そんな仕事の情熱的な目的が、働く人を支えてくれます。

仕事だけではなく、育児をすること、セミナーや習い事にいくこと、趣味でやっていること……すべての時間には、目的があります。「なぜこれをやっているのか？」と自分自身に聞き、目的を見直すと、気持ちは前を向き、大切にする時間も、手放すべき時間も見えてきます。

〝目的〟は、ときどき取り出して磨かないと、錆《さ》びついてしまうのです。

死ぬときに後悔しない時間の習慣

やっていることの〝目的〟をハッキリさせる

目的が見えていないから、時間がなくなる

もう少し、時間の〝目的意識〟について考えてみましょう。

かつて、ある大企業の会議に参加したとき、その膨大《ぼうだい》な資料に倒れそうになりました。たいへん丁寧ではあるのです。テーマに関わる事案が何から何まで書かれていて、誤字脱字もないような完璧《かんぺき》な資料です。プレゼンテーションの映像も完璧、序列を考えた席順も完璧、話をする人たちの順番も完璧。それぞれの発言も立場を考えた真っ当なことを言っていて完璧。あとから送られてきた議事録も、一字一句間違えることなく完璧でした。

しかし、こんなことをやっていたら、いつまでたっても「時間がない」でしょう。こうした会議の目的は、本来の「大切なことを決める」というものではなく、それぞれが「ミスのない仕事をするため」「社内の人間関係を築くため」というものになっているはずです。

どれだけ一生懸命に役割を遂行《すいこう》しても、「やるべきこと」のベクトルがあちこちを向いていていて

は、ほんとうの目的に行きつかないのもあたりまえです。

本来の会議の目的を考えたら、一つひとつが完璧である必要はなく、全員がいいアイデアを提案すること、いい結論を導くことだけにフォーカスするべきなのです。

そうすれば、会議準備のために無駄な残業をすることも、大勢でだらだらと長時間の会議をすることもないでしょう。もしかしたら会議自体、する必要はないのかもしれません。

しかし、習慣でそんな会議の仕方をしてきた人たちにとっては、おかしなことにも気づかないのでしょう。いえ、気づいていても「前任者がこうしてきたから」「何か言われると面倒だから」と、なかなか変えることができないのかもしれません。

習慣化していないことを実行するのは、なにかしら抵抗があるものです。

このように「時間がない」という人は、無為無策《むいむさく》のまま、与えられたことや習慣化していることを、ただこなしていることが多いものです。

習慣化していることは、何も考えずにやってしまいます。

上司から「これ、お願い」と頼まれれば、目的も考えず、ただその作業をするでしょう（上司自身も目的がわかっていなかったりします）。真面目な人ほど、それを完璧なものにしようと一生懸命にがんばるはずです。でも、ちょっと立ちどまって、「あれ、これって何のためにするんだ？」と考えると、やることを減らしたり、「どこまでやればいいのか」のハードルを低くしたり、工夫して効率化を図《はか》ったりすることもできるはずです。

生活のなかでも、習慣化して、そもそもの目的を忘れていることはありませんか？

たとえば、毎週、英会話スクールに行っていてもなかなか上達しないこと、なんとなくバーゲンに出向いて散財してしまうこと、気の進まないつき合いに参加して疲れてしまうこと……。

〝手段〟が、もはや〝目的〟になっているから、時間がなくなるのです。

いい習慣であれば続ければいいのです。でも、本来の目的からズレているなら、修正を図っていくべきでしょう。「そもそも、なんのためにするのか？」、いま行動していることの〝目的〟を自覚する習慣をつけるだけでも、やるべきことがスリムアップしていきます。

もう少し、時間の枠を広げて、人生の時間の〝目的〟について考えてみます。

私たちは、そもそも、何のために人生の時間を使っているのでしょう？

目的は人それぞれでしょうが、最終的には、「自分自身を幸せにするため」「誰かを幸せにするため」ではないでしょうか。

その目的からズレた時間の使い方をしていませんか？

一生懸命、仕事をすることが必要なときもあります。でも、それは何のためなのか？

自分や家族を不幸にするような働き方であってはいけないはずです。

ただなんとなく、人と同じようにしていることはありませんか？

ただなんとなく、まわりに振りまわされていることはありませんか？

ただなんとなく、イライラ、クヨクヨした時間を送っていることはありませんか？

「自分を幸せにするための時間を使っているか」、目的を考えると、時間の使い方は変わってきます。〝目的意識〟を問うことの意味は、それを叶える〝未来〟のためよりも、〝いま〟の良質な時間を生み出すことにあるのです。

死ぬときに後悔しない時間の習慣

習慣化していることの目的を見直す

一つひとつの役割をそれぞれ積み重ねていく

働くママたちを取材していると、「自分のペースで物事を進められる時間がまったくない」といった声がよく聞かれます。

会社に行ったら、上司の指示に従い、家庭では、子どもや夫の世話に明け暮れる……。つねに相手のペースに合わせるばかりで、自分には時間の主導権がないというのです。

こんな忙しい立場にある人こそ、一日にわずかな時間でも〝ひとり時間〟をもつことをおすすめします。子どもが寝静まってからでも、出勤前に立ち寄るカフェでも公園でも。どうしても一人になれないなら、通勤時間やお風呂の時間をひとり時間にして、まわりと隔離《かくり》された気分で過ごすのもいいでしょう。

誰かと一緒にいるかぎり、人はつねに〝役割〟を演じています。「会社員としての自分」「母親としての自分」「妻としての自分」「娘としての自分」「友人としての自分」などなど、どんなに身近な人、愛する人であっても、四六時中一緒だとストレスもたまるはずです。相手の都合に合わせる時間を、ただ流されるように過ごしても、心も体も消耗するだけ。受け身ではなく、「私は仕事をしたいから、ここにいる」「子どもとの時間を大切にしたい」というように、一つひとつに「自分で選んでいる時間なのだ」という積極的な自覚が必要です。

そもそもは、自分で決めてやっていることなのですから。

そして、「せっかくなら、楽しもう」と考えてください。どんなことをする時間にも、「せっかくなら」という言葉をつけると、丁寧に時間を使えるようになります。仕事にも、家事や育児にも、通勤電車のなかにも、工夫をすれば、楽しめる要素はあるはずです。

また働くママたちは、「仕事か、家庭か」を、つねに天秤《てんびん》にかけて悩んでいるようです。

働く女性の半数以上は、出産、育児のために、仕事を辞めていきます。なかには、それを切望する人もいるでしょうが、多くは「仕事を続けたくても、いまの会社の働き方では両立できないから」という現状があるでしょう。「〝母親〟としての自分をとったのはいいけれど、〝仕事人〟としての自分は手放してしまった」という喪失感もあるかもしれません。

しかし、手放したとしても、一生ではありません。

一生、仕事をしない人はほとんどなく、遅かれ早かれ、子どもが成長すれば、さまざまな理由で仕事に復帰することになります。

「仕事人としての自分」「母親としての自分」、どちらをとるかということではなく、一生を通してどちらもずっと存在します。時間軸で、役割の比重が変わっていくだけです。

先ほど述べたように、女性にはさまざまな役割があります。「娘としての自分」「妻としての自分」「友人としての自分」「恋人としての自分」「地域の住人としての自分」などなど。ずっと続いていく役割、一時的に比重がちいさくなる役割、小休止する役割、なくなる役割もあるかもしれません。

でも、やってきたことの時間は、少しずつ積み重なっていくのです。

だから、役割の時間を考えるときは、「ｏｒ」でなく、「ａｎｄ」でイメージするべきです。時間を「失う」のではなく、時間を「加えていく」のですから。

一生をかけてコンスタントに「ワーク・ライフ・バランス」を目指すのは現実的ではありません。「いまは仕事を中心にやる」「いまは育児を思いっきり楽しむ」でもいいし、「育児に比重を置きつつ、次の仕事の準備を進める」「どちらも全力投球」でもいいでしょう。大切な役割は人それぞれ。さまざまな役割を積み重ねながら、トータルで〝自分〟をつくっていくのですから、「ワーク・ライフ・アンバランス」でもOK。大切なのは柔軟さです。

そしてもう一つ。人生でやりたいことをやる「一人の人間としての時間」をもつことも大切です。「この人生で何をやっていくのか?」は必ず問われるテーマですから。

70代の知人は、50代で子どもが独立し、夫と死別したあと、まわりに「これからは、自分の人生を生きさせてくださいね」と宣言して、南米で日本語教育に携《たずさ》わるようになりました。それまでの家庭中心の生活から、180度転回した生き方です。

〝役割〟の比重は一生、同じということはありません。

〝せっかくなら〟一瞬一瞬の役割を楽しんでみてはいかがでしょう。

死ぬときに後悔しない時間の習慣

時間を考えるときは、「ｏｒ」でなく、「ａｎｄ」でイメージする

目的に合った時間の使い方をする

会社や家庭に「何を求めるか?」、その目的によって時間の使い方は変わっていきます。

そして、時代とともに、「何を求めるか?」は、変わってきたといえるでしょう。

だから、時間の使い方も変わってくるべきであるはずなのです。

たとえば、会社には、さまざまな目的があります。「消費者を幸せにする」「株主を幸せにする」「従業員を幸せにする」……。発展する会社は、この3つのバランスがよくとれていて、もちろん、そのような会社はいまもたくさんあります。

昭和の時代に、社内レクリエーションや社員旅行など、「従業員を幸せにする」ための活動が盛んに行われていたのは、終身雇用制で「同じ釜《かま》の飯を食う」といった家族的なつながりが強かったからでしょう。上司が部下に結婚相手を紹介したりしていたのも、たった数十年前のことです（いま、それをやると完全にセクハラ上司としてアウトですが）。

しかし、時代は変わりました。日本の多くの企業は、いま、従業員よりも消費者、消費者よりも株主を見ているのではないでしょうか。繰り返しますが、すべてではありませんし、「昔はよかった」なんてノスタルジックなことは申しません。いい悪いではなく、会社の役割はおもに、「利益を上げる」というビジネスライクなものになってきたのです。

そのため、能力のない（と思われる）お荷物社員は〝肩たたき〟にあったり、〝経費削減〟といって、人材は社員から派遣社員、契約社員になったりすることもあるでしょう。女性社員は、会社からいわれなくても育児や介護などで継続困難になることも多いものです。

だとしたら、私たちも「一生、面倒を見てくださいね」というわけにはいきません。「会社に忠誠を尽くすこと」よりも、まずは「自分で生きていく力を身につけること」のほうに、時間を使うべきなのです。社会全体で汎用《はんよう》性のあるスキルや、現金収入を得られるようなスキルを身につけるか、もしくは、会社を踏み台にして「生きていくスキルと実績をつけさせてもらう」というような働き方をするべきでしょう。

なにかしら活躍している女性ほど、英会話のスキルアップをしていたり、ソムリエの資格をとってみたり……と、次の一手を打っているものですが、不安定な立場にいる人こそ、こうした「生きていく力」を身につけるべきです。

「結局、会社にこき使われただけで終わった」「リストラされて、どう生きていったらいいのか……」というような、ぼんやりした時間の使い方は、けっしてしないでください。生きていくために、自分側に引き寄せた時間の使い方にするのです。

また、家族の役割も変わってきました。かつての夫婦は、男性が外で働き、女性が家庭のことをする、という役割分担が明確で、お互いになくてはならない存在だったために、理解し合ったり、愛情をかけたりすることにとくに時間を割かなくても、夫婦関係は続き、子どもを育て、長年連れ添うことで、結果的に愛情が育《はぐく》まれていきました。

しかし、現代の夫婦は、〝まず〟愛情がなければ、継続困難になってしまいます。

一緒に話をする時間や楽しむ時間、共働きなら家事や育児を協力する時間などが必要になってきたのです。その必要性の度合いは夫婦によってそれぞれですが、「仕事が忙しいから家族のために時間を使えない」では、いちばん大切な家族を失ってしまうでしょう。

また、親子関係も、時代とともに変わってきました。現代では、子どもが親の老後をみるのは一般的ではなくなりましたが、未婚の子どもと親の同居率は、高くなっているといいます。親の役割は、子どもが「自分で生きていけるようにすること」。この点ではおそらく、いまも昔も変わらないでしょう。そのためには、子どもに自分で考えさせたり行動させたりして、失敗させることも必要なのかもしれません。

子どもが失敗しないようにと手を差し伸べたり、コントロールしようとしてばかりいたら、子どもは自分では何も決められず、生きていく力も身につかないでしょう。

同居がいけないわけではありませんが、ひとり暮らしを経験して寂しさを味わったり、少ない給料で生活することの大変さを味わったり、親の有難みをわかったりするところからも、「なんとか稼げるようになりたい」「家族をもちたい」「親を大事にしたい」という気持ちが湧き上がってくるのではないでしょうか。

ほんとうの目的とチグハグな時間の使い方をしていませんか？

会社の役割、家族の役割が変わってきたために、大切な時間も変わってきたのです。

死ぬときに後悔しない時間の習慣

会社や家族に対して「どんな時間を使うか」考える

第 3 の 習 慣

人生の哲学をもつ

「行動の軸」を決めるルール

優先順位をもっていますか

自分の哲学をもつとは「大切なものをわかっている」ということ

「時間がない」と言う人は、自分の哲学をもっていないことが多いものです。

哲学をもつというのは、偉人や哲学者の知恵を学んだり拝借したりするといった難しいものではありません。自分にとって、「大切なものをわかっている」ということです。

「時間がない」と言う人の多くは、優先順位の低いことも愚直《ぐちょく》にやってしまいます。

〝愚直〟というのは、日本人の美徳とするところかもしれません。

自分よりも、まわりを優先する考えも、うつくしい文化だと思います。

頼まれたらそれを完璧に仕上げようとするし、何かの役割を与えられたら、それを全うしようとがんばります。そこまでやらなくてもいいもの、あとでやればいいもの、そもそもやらなくてもいいものまで、一緒くたにして、与えられた役割を愚直にやります。

しかし、社会の役割が変化して、社会構造も複雑になり、たくさんの役割を与えられる現代に、すべてのことを愚直にやっていたら、いくら時間があっても足りないでしょう。

愚直さは強いエネルギーですから、ほんとうに大切なところで発揮《はっき》すればいいのです。

自分を大切にしなかったら、まわりも大切にできないはずです。

「自分は、何をしているときが、いちばん幸せなのか？」

「自分は、何を大切にしたいのか？」

「自分は、何を手に入れたいのか？」

そのことを心からわかっていないかぎり、ほんとうの満足には行きつかないのです。


「時間がない」と言う人は、「期限がないけれど、重要なこと」よりも「重要ではないけれど、期限があること」を優先してしまいます。

たとえば、目の前の仕事、目の前のつき合い、雑用などを次から次にやろうとするために「やるべきこと」が積み重なって、ぼんやり「やりたい」と思っていることは、結局できないままになってしまうのです。つまり、優先順位を明確に意識していないために、優先順位の低いことを切り捨てられず、「時間がない」という言葉になってしまうわけです。

自分にとって重要なことは、大きな時間の枠組みで、客観的に考える必要があります。

〝いま〟だけのちいさい喜びよりも、〝人生〟の大きな喜びを考えるべきなのです。でなければ、大切なことは手に入れられないか、一時的に手に入れてもいずれ失ってしまうでしょう。

「時間がない」状態を改善するには、ほんとうに大切なことから先に計画することです。

いちばん大切なもの、二番目に大切なもの……と、多くても3つに絞って、そのための時間を確保することから始めましょう。そして、それを中心にほかの計画も組み立てていくのです。

優先順位があると、おどろくほどシンプルに物事を決められるようになります。

知人のアルゼンチン男性は、20年ほど前に合気道を学ぶために日本にやってきました。

家や店舗などの電気工事の資格、内装工事のスキルなどを身につけてフリーランスで仕事をしながら、毎晩、道場に通う合気道中心の生活が何年も続いたといいます。

とことん合気道に惚《ほ》れ込んでいたからです。

そして、現在は結婚して子どもをもち、「家族がいちばん」と思うようになりました。

「ボクにとって、いちばん大切なのは、お金や仕事を増やすことよりも時間。だから、どんな仕事をしても、6時には家に帰って子どもと過ごすことにしている。そうじゃないと、子どもと一緒に遊んだり食事したりする時間がもてない。子どもは8時半には寝るから、急ぎの仕事があるときは、子どもが寝てからもう一度、現場に行くこともある。合気道は週2日、朝5時からだから、子どもと一緒の時間に寝れば、十分睡眠はとれるんだよ」

彼は徹底して、優先順位に忠実なのです。だから、出張のときも、スカイプで顔を見ながら、自分の家族や、アルゼンチンにいる家族と会話することを欠かしません。

家庭を中心にしろ、といっているわけではないのです。「仕事も家庭も大事」なら、それに見合った時間の配分をするべきだということです。ほかにやりたいことがあるなら、それをまず予定に組み込むことです。

「会社員だから時間がない」「仕事だから仕方がない」というのは、言い訳でしかありません。誰にでも大切にしたいことがあるはずです。世間一般の「やるべきこと」を捨てて、あなた自身の優先順位をもとに、時間の使い方を決定してください。

死ぬときに後悔しない時間の習慣

自分の優先順位で、時間の使い方を決める

哲学がないと、時間をコントロールできない

自分の哲学がないと、「時間がない」か「時間をもてあますか」のどちらかになります。

ときどき、面白いことを経験できる機会に誘われたりしても、「ちょっと時間がないんで……」と断る人がいます。何かの二次会に誘われても、「仕事を残してきているんで……」と言って会社に戻る人もいます。「さほど興味がない」ということもあるでしょうが、せっかくのチャンスを逃しているようで、もったいないと思うのです。

おそらく忙しい状態は雑多な事柄から生み出されている場合が多く、整理したら時間はつくれるはず。それでも「時間がない」となってしまうのは、ほんとうに「時間がない」のではなく、「心の余裕がない」ということかもしれません。

「時間の余裕があるから、心に余裕ができる」というのは、まったくウソではありませんが、必ずしも正しいとはいえません。

忙しくしていても、心の余裕がある人もいるし、時間はつくれるのに、心の余裕がなくて「時間がない」と言っている人もいます。「時間の余裕がある＝心の余裕がある」「時間の余裕がない＝心の余裕がない」ではないのです。

心に余裕がある人は、自分の大切なこと、優先事項が整理されている人です。

私は、新しい経験や、人との出逢いの機会には「時間がない」とは言わないようにしています。それは、私にとって、優先順位の高いことだからです。

たくさんの人が集まるパーティは、名刺交換をするだけで近しい関係になれないので興味がありませんが、「これは！」と思った二次会に関しては、時間をやりくりして参加します。それを蹴って仕事に充《あ》てたとしても、2時間ぐらいでは大したことができるわけではありませんし。

それより、そこで話を聴いたり、近しい間柄になったりするのは、至福のとき。「だから、何かをしてもらう」ということではなく、一生に一度しかない「一期一会《いちごいちえ》」には、なにかしら学んだり、影響を受けたりするチャンスがあるものです。

人との出逢いには、タイミングがあります。

ほかの時間はマイペースに進めても、こればかりは、「行く？」と誘われたら、「行きます！」

と即答したほうがお互いに気分がいいもの。行きたいとは思えない集まりなら、「時間がない」ではなく、「先に予定を入れてしまった」など、ほかの理由で断ればいいでしょう。

よくよく考えると、「時間がない」というのは、相手に対して、たいへん失礼な言い訳。「時間がないんですよね」というときは、ほかに特別な用事があるわけではなく、大抵は雑多なことでの「時間がない」なので、「それは優先順位として結構、低いです」と言っているようなものですから。

ともかく、心に余裕をもって、いま起こっているチャンスに気づくためには、優先事項を整理しておくことが必要なのです。

また、「時間がない」という状態も困りものですが、「時間があればいい」というわけではありません。暇をもてあますと、ロクなことはありません。

ついついテレビやネットを見てしまったり、「何かいいものはないかな〜」とデパートをうろついたり、LINEやSNSの交流で一日を過ごしたりして、「あー、無駄な時間を使っちゃったな」ということになりがちです。とくに、心の状態がマイナスに傾いているとき、喪失感のあるときは、よからぬことを考え始め、お酒やギャンブル、危険な恋愛にのめり込んでしまうこともあります（ときには、何かに慰《なぐさ》めてもらうことが必要なときもありますが）。

これも、時間がない人と同じように、自分の哲学をもっていないこと、つまり、優先事項をわかっていないことが原因です。時間があっても何をしていいのかわからずに、自分の外側に「満たしてくれる何か」を探し求め続けてしまうのです。

自分の哲学をもてば、時間の主導権を握れるようになります。

「時間の余裕」、は人にもよりますが、やりたいことがあって、ほどほどに忙しく、ほどほどにゆっくりした時間ももてる、という状態が、心地いいのではないでしょうか。

死ぬときに後悔しない時間の習慣

「時間の余裕」の前に、「心の余裕」から考える

他人に振りまわされていませんか？

会社や家族、友人など、他人に振りまわされて「時間がない」という状態は、誰もが経験しているのではないでしょうか。たとえば、次々に仕事を押しつけてくる上司のせいで夜遅くまで残業し、それでも終わらずに持ち帰り、休日を使ってまで終わらせようとする。できない後輩の面倒を見て、自分の仕事ができずにパニックに陥《おちい》りそうになる……。

昨今は、家庭において「子どもより、夫がストレス」という人も多いようですが、身のまわりの世話をするだけでなく、なにかと夫の都合に合わせていると、「たまには、私や家族の都合にも合わせてよ！」と発狂しそうになることもあるのでは？　あれこれ誘ってくる友人や、時間にルーズな恋人、だらだらしたお茶会を開くママ友などなど、まわりには、「時間を奪う」とさえ感じる人びとがあふれているかもしれません。

基本的には、関わる人が多ければ多いほど、「自分の時間」はなくなります。まわりの人びとの人間性の問題や、抱える問題につき合わされる確率も高くなるでしょう。

真面目な人、心優しい人ほど、他人に振りまわされる傾向にありますが、それが一概に悪いとはいえません。人が喜んでくれたり、一緒に楽しいときを過ごしたりするのは、人間の本質的な喜びでもありますから。悩みを共有するのも、お互いに助け合い、人間関係を構築するプロセス。人間は、他者とのつながりのなかで幸福感を得る生き物なのです。

しかし、です。相手のペースに合わせる状態が続き、心にマイナスの感情が芽生えてくると、自分を責めるか、他人を恨むことになってしまう……。それでは、いくら心優しい人でも、やさしくできなくなってしまうでしょう。そう、バランスが大切なのです。


おそらく、他人に振りまわされがちな人は、「他人が喜ぶこと」「自分が喜ぶこと」の線引きができていないのです。この二つがごっちゃになっていて、「他人が喜ぶこと」がすべて自分の喜びであり、役割になっているかのように、無意識ベースで思っているのではないでしょうか。

そして、ここにはまた、無意識ベースで次のような感情があるはずです。それは……、

「嫌われたくない」。

断ったり、つき合わなかったりしたら、嫌われるんじゃないか？　気を悪くするんじゃない

か？　相手との関係がギクシャクするのではないか？　という罪悪感や恐れがあって、相手に合わせれば、それですむことだと、結局、犠牲的精神が生まれて流されてしまう……。

よく理解できます。私もかつて、断れない性分でしたから。でも、それができるようになったのは、断ったり、意見を言ったりすることが、相手をぜんぶ否定しているのではなく、「そのポイントだけは、合わせられない」という気持ちをもつようにしたからです。

それぞれ都合があるのですから、合わないことがあるのは、あたりまえです。

だから、断り方も、「今回は都合がよくない」「ここまではできるけれど、これ以上は難しい」「今週は無理だけど、来週ならなんとか」という言い方にしたり、意見を言うときも「いい状態にしたいから、この点はわかって」とお願いして折り合いをつけたり……と前向きな伝え方になり、さほど抵抗がなくなりました。断ったからといって、関係が断たれたり、悪化したりすることはまったくありません（そうなったらそれまでの関係なので、気にすることはありません）。

「他人が喜ぶこと」「自分が喜ぶこと」の線引きをするためには、自分が笑顔になれる範囲内で「やりたい」と思ったらすること。あとになって「私は～してあげたのに」と恨《うら》みがましい気持ちになったり、見返りを期待したりするくらいなら、やらなくてもいいのです。

そして、繰り返しますが、「自分の大切なこと」の軸をもっていれば、選択する基準がハッキリするだけでなく、不思議とまわりも合わせてくれるようになります。

なかには、たくさんの人と関わっていても、自分のペースで時間を過ごしている人もいます。友人の女性社長は、多くの従業員と自分の家族を抱えていますが、それでも時間に余裕がありま す。それは、自分のやるべき役割を明確にしているのと、人との距離感を大事にしながら、風通しのいい関係をつくれているからでしょう。お互いの信頼関係がベースにあるので、部下から意見を言われることもあるといいます。

自分軸をもちながらまわりも大切にする……そんな自然体の関係を目指したいものです。

死ぬときに後悔しない時間の習慣

「NO」を伝える言い方を覚える

自分の心を道しるべに生きる

人生を振り返ったときに、「なんであんな時間を過ごしてしまったんだろう」といちばん後悔する時間は、きっと「人に合わせて過ごしてきた時間」です。

〝人〟というのは、特定の人のことではありません。もっと大きな、社会とか世の中とかいったものです。

人と同じように勉強したこと、人と同じように就職したこと、人と同じように働いてきたこと、人と同じようにモノをもとうとしたこと、人と同じように生活を送ろうとしたこと……。「みんなそうしているから」という行動をとっているときは、「人と合わせている」という自覚すらないかもしれません。疑問にも思わないのかもしれません。

しかし、残り時間が少なくなり、後ろをふと振り返ったときに、気づくはずです。

「ほかにも選択肢はあったんじゃないか」「自分にもできることはあったんじゃないか」と。

後悔するのは、その行動自体に対してではなく、まわりに合わせることで時間の選択を人に委《ゆだ》ね、「自分のやりたいことをしなかった」「自分でちゃんと決めてこなかった」という〝心の姿勢〟に対してではないでしょうか。

私たちは、幼いころから、なにかしら「人と同じであること」のプレッシャーを与えられているので、「人と違うこと」を避け、人と同じように考え、同じように行動することに安心感を覚えます。人と同じ道が、まるで「正しい道」のように感じるでしょう。

学生時代、クラスで一緒にグループをつくる人がいなかったり、お弁当を食べる人がいなかったりすることに、恐怖すら感じたかもしれません。「人と外《はず》れていること」自体がつらいのではなく、「人と外れているとまわりから思われること」がつらいからです。「一人だけ外れている」という状況は、自分を全否定されたようで、自分をたいへん傷つけます。

大人になっても、「人と同じようにすること」の呪縛《じゅばく》は、方向性が枝分かれしてくるものの、依然として、なにかしらあるはずです。

社会的な大人は、さらに「人並みに」とか「普通に」といった感覚が強くなり、人と同じレベル、むしろ、さらに高いレベルを必死になって目指そうとします。

新商品や流行《はや》りのものを買おうとすること、巷《ちまた》で流行っていることをやろうとすること、みんなが噂している大ヒット映画を観ようとすること……といった行動にも「人と同じでありたい」「人より流行に敏感でいたい」といった気持ちがありませんか？

人並みにいい仕事をしたい、人並みにいい家に住みたい、人並みにいい夫といい子どもをもちたい……と、「幸せになるため」でなく、まるで「幸せと思われるため」にがんばり、叶わなければそれに焦りを感じている人も多いのではないでしょうか。

でも、そろそろ、人生の時間の選択を人任せにするのはやめませんか？

「みんながしているから私も」では、時間もお金も心も消耗するのはあたりまえ。「みんなが欲しいもの」と「自分が欲しいもの」を、ちゃんと線引きをすることが必要なのです。

私はかつて、「人からどう思われているか」が気になり、つねに引け目を感じている時代がありました。新卒で入った会社をやめたあとは転職の連続で、プライベートも波乱続き。最終的には、仕事も恋人もお金もすべて失って、どん底のなかで一つの決断をしました。

「これからは、誰になんと思われてもいい。自分の好きなように生きよう」

そう開き直ったら、不思議なほど、すべてのことがうまくまわり始めたのです。

心細くなりながらも、自分の道を進んでいくと、「ほかには何もいらない」と思えるような、心から満足するものに出逢えます。

大切なのは、自分の心を道しるべにして進んでいくことです。

答えはまわりをキョロキョロしても見つかりません。いつも私たちの内側にあります。

生きづらいと思うのは、人と同じ道を行こうとするからです。

人生のなかで、何度も何度も「自分は何が欲しいのか？」と問いかけてください。そして、「みんなが欲しいもの」ではなく、「自分が心から欲しいもの」を手に入れてください。

人生の最期にけっして後悔しないように。

死ぬときに
後悔しない
時間の習慣

「みんながそうしているから私も」をやめる

第4の習慣

命の期限を考える

「グズグズの毎日」を抜け出すルール

とりあえず先送りしていませんか

自分の〝思い〟を先送りしない

アルゼンチンから帰る飛行機で、南米の最南、パタゴニアに行ってきたという高齢のツアー客の方たちと一緒になりました。かなりハードな旅行だったようで、そのなかの女性が、ため息をつきながらこんなことを言っていました。

「パタゴニアの氷河を見に行くために、もう命がけよ。こんな命を削《けず》るような旅は二度とできないでしょうね。若いときに行ければよかったけど、そのころは、時間もないし、お金もなかった。やっと行けるようになったら、今度は体力がない……」

個人旅行をしていた若いカップルも、しみじみとこう話していました。

「こんなに体力を使う旅行は、いまじゃないとできなかったと思います」

そうなのです。旅は体力を使うのです。「いつか行きたい」と思っているうちに、人生はあっという間に過ぎ、「もう行けないな」となってしまうことも少なくありません。

年を重ねてからやっと行ける旅行にも価値はありますが、若いときにさまざまな感動体験を味わえば、考え方も変わり、その後の人生の展開も変わってくるかもしれません。

だから、私は、「いつか行きたい」などとのんきに構えている人がいると、おせっかいながら、「なんとか時間をつくって、いま行きましょうよ」と言っているのです。

その気になれば、時間もお金もなんとかなるはずですから。

先のことなんてわからない。「あと数か月の命です」と宣告されたときに、「あれをやっておけばよかった」と後悔するような時間の使い方をしてほしくないのです。

ほとんどの人は、人生の終わりのことなど意識しないで生きているでしょう。

そのほうが幸せだという人もいるかもしれません。

終わりを意識して生きるか、意識しないで生きるか、どちらがいいのかは、その人がどう受けとめるか、どう行動しているか次第でしょう。

私は、「限りある時間」を、ときどき意識して生きるほうがいいと考えています。

なぜなら、人間は期限を考えなければ、時間を「先送り」してしまう生き物だからです。これは自分の欲求や本能のままに生きているほかの生物とはまったく違うところです。

社会生活を送っていると、つねに先送りしなければいけないことは出てきます。

そして、目の前の課題を片づけようと必死になっているうちに、ほんとうに大切なことまで、先送りし、そのまま……ということになってしまいます。

「命には限りがある」ということは、人生において、たいへん重要な事実です。〝死〟を考えるということは、〝生〟の時間を真剣に考えることとイコールなのだと思います。


ホスピスで働いていた看護師の友人が、こんなことを言ったことがありました。

「余命を宣告された人は、みんなやさしくなるの。宣告された当初は落ち込んでいても、それを受けとめると、前向きに自分のできることを考え始めるのよ」

「あと数か月の命」と考えると、人と争ったり、つまらないことで怒ったりすることは、もはや時間の無駄です。お金を稼ぐことも、物質的なものを得ることも、なんの価値もありません。

それよりも、自分がいちばん大切なことを優先しようとするでしょう。

友人は、患者であるイラストレーターが本を残すことをサポートしていましたが、「何かを残したい」というのも人間の本能かもしれません。最期まで仕事をしようとする人、これまでできなかった感動体験をしようとする人、大切な家族と日常を過ごそうとする人、お世話になった人に感謝を伝えようとする人……それぞれの時間の使い方がありますが、すべてに共通しているのは、いちばん大切にしたい〝思い〟です。そんな〝思い〟は、そのときに始まったわけではなく、ずっと心の奥底にあったはずなのです。

私は、命の時間を考えるとき、「残された時間」ではなく、「与えられた時間」として考えます。「時間がない」ではなく、「時間はある」と考えたい。時間は刻々と失われていくようですが、そもそも元々はなかった時間ですから。

私たちには、奇跡的に与えられた時間があります。

あなたは、与えられた時間を何に使いますか？

「与えられた命の時間」を考える

どんなことにも、期限があることを知る

もし私たちに永遠の命があるとしたら、それは幸せなことでしょうか？　いつまでも若く、いつまでも体力があり、いつまでも死ぬことを恐れないで生きるとしたら……。

ありえない「もし」を語るのは、意味のないことだと思わないでください。私は、「命の期限がある」というあたりまえの現実が、どれだけ尊いことかをお話ししたいのです。

命は、どれだけ権力があっても、どれだけお金があっても、永遠のものにすることはできません。もし、科学技術が進歩して、一部の人が神の領域を犯したとしたら、そこに幸せでない、おかしなことが起こり始めることは、容易に想像がつきます。

もし、誰もが永遠の命をもてるとしたら、命は価値のないものになってしまうでしょう。〝期限〟があるからこそ、命は尊いのです。

命だけでなく、どんなことにも、〝期限〟はあります。

近い現実に引き戻して考えてみます。「夏休みが永遠に続くとしたら」「親がずっと生きているとしたら」「繰り返される日常がずっと続くとしたら」、私たちはそれらを、いまほど大事にしようとは思わないのではないでしょうか。

私の仕事も、締め切りの期限があるからこそ、その時間を大切にし、集中できます。「いつでもいい」と思っていると、だらだらして終わらないだけでなく、力が湧いてきません。だから、たとえ仕事相手に「いつでもいいですよ」と言われても、自分で締切日を設定してしまいます。自分の弱さを自覚しているので、「いつでもいい＝やらない」という可能性だってあるからです。

働くお母さんたちは、残業ができず「5時までに仕事を終わらせる」といった制限があるために、時間を無駄にしません。なかには短い勤務時間でも、おどろくほどのスピードと優先順位を考えた効率化で、いい仕事を積み重ねていく人もいます。

時間の期限を考えずに仕事をしていたら、「もう6時だ。今日はなんにも終わっていない」「あぁ、今日もまた残業に突入か〜」ということになってしまいます。

期限を設けていないと、その時間の重要性を忘れるのです。

期限は、意識したほうが、しゃんとしていられます。焦りすぎず、だらけすぎず、時間と向き合うためには、「いついつまでにやろう」と期限をつくる必要があるのです。

日常生活の期限だけでなく、私たちの年代にも期限があります。

時間はどんどん通り過ぎて、同じ時間はもう二度とやってきません。

それを意識して、いまやりたいことは、いまやったほうがいい。若いときは恋愛をすること、旅すること、会いたい人に会うこと、感動体験をすること、女性であれば子どもを産み育てることなど、やりたいことはどんどん出てくるはず。先送りするなんてもったいない。あとになれば、もうできなくなるか、やってもそれほど意味がないことも多いのです。

先に行けば、そのときのやりたいことが待っています。人生の後半になると、「こんな喜びは、若いときは絶対に味わえなかった」と、しみじみ思う幸せがあります。

先送りをする人は、幸せを味わうチャンスも、成長するチャンスも失ってしまいます。

まわりの環境も、自分の〝思い〟も、つねに変化していきます。

だから、そのときそのときの思いを大切にしてほしいのです。

私は、旅をするとき、偶然の出逢いを大切にします。「いま、この人と話したい」「いま、この場所に行きたい」と思ったら、すぐに実行してしまいます。なぜなら、そこにいまいる人も、そこにいまある場所も、通り過ぎたら、二度とめぐり合うことはないからです。

旅では、「先送り」はできません。

そんな、旅をするような感覚で日常を送れたら、時間はしゃんとしたものになるでしょう。

期限があるのは、「自然である」ということでもあります。すべては変化し、私たち人間も、まわりの自然や環境と同じように老い、最期のときを迎えます。

花がうつくしく咲くように、期限があるから、人生の時間はうつくしく輝くのではないでしょうか。

死ぬときに
後悔しない
時間の習慣

「どんなことにも期限はある」と考える

郵便はがき

162-0816

恐れ入ります切手をお貼りください

東京都新宿区白銀町1番13号

きずな出版 編集部 行

フリガナ

お名前　　男性／女性　未婚／既婚

(〒　　-　　)

ご住所

ご職業

年齢　10代　20代　30代　40代　50代　60代　70代～

E-mail

※きずな出版からのお知らせをご希望の方は是非ご記入ください。

愛読者カード

ご購読ありがとうございます。今後の出版企画の参考とさせていただきますので、アンケートにご協力をお願いいたします。

[1] ご購入いただいた本のタイトル

[2] この本をどこでお知りになりましたか？
1. 書店の店頭　2. 紹介記事（媒体名：　　　　　　　　　　　　）
3. 広告（新聞／雑誌／インターネット：媒体名　　　　　　　　　　　　）
4. 友人・知人からの勧め　5.その他（　　　　　　　　　　　　）

[3] どちらの書店でお買い求めいただきましたか？

[4] ご購入いただいた動機をお聞かせください。
1. 著者が好きだから　2. タイトルに惹かれたから
3. 装丁がよかったから　4. 興味のある内容だから
5. 友人・知人に勧められたから
6. 広告を見て気になったから
（新聞／雑誌／インターネット：媒体名　　　　　　　　　　　　）

[5] 最近、読んでおもしろかった本をお聞かせください。

[6] 今後、読んでみたい本の著者やテーマがあればお聞かせください。

[7] 本書をお読みになったご意見、ご感想をお聞かせください。
（お寄せいただいたご感想は、新聞広告や紹介記事等で使わせていただく場合がございます）

ご協力ありがとうございました。

きずな出版　URL http://www.kizuna-pub.jp　E-mail 39@kizuna-pub.jp

明日できることは、明日やればいい

先日、母校での講演のときに、女子高校生からこんな質問を受けました。

「週末は宿題や予習、復習などを洗い出して、金曜日にやること、土曜日にやること、日曜日にやること……と計画を立て、実行しようとするのに、どうしてもやる気になれないんです。毎週、月曜日の朝にバタバタとやることになってしまいます。どうにかならないでしょうか」

「でも、なんとかやれちゃうんでしょ？」

「そうなんですよ。ギリギリになると、自分でもびっくりするぐらいの底力が湧いてきて、どうしていままでこの力が出なかったのかと、いつも不思議に思います」

「うっすら計算しているでしょ？　月曜日の朝にやればできるって」

「あ、そうですね……」

はい、そうなのです。時間があってもやらない人は、大抵いつもギリギリのタイミングでやって、「なんとか間に合った！」と成功しているので、その〝成功体験〟が積み重なって、どこかで「あとでやってもできる」と自信をもっているフシがあります。その自信がどんどん積み重なると、底力がどんどん鍛《きた》えられて、「あとでやること」はどんどん大きくなってくる……という負のスパイラルから抜け出せなくなってしまいます。いいか悪いかはともかく。

「やらなきゃいけない」と思うのは、多かれ少なかれ、プレッシャーです。

「やらなきゃいけないでしょー‼」と自分を厳しく責めれば責めるほど、腰は重くなります。

だから、そんなグズグズさんには、やさしく誘いかけるのがいいのです。

「ね、とりあえず5分だけやってみない？」

1時間やるのはしんどいと思っても、5分やることはハードルが低く、誰にでも可能。やり始めてしまえば、半分終わったようなもの。そんなグズグズな人ほど、一度エンジンがかかれば、没頭して止まらなくなるほどがんばります。完璧にやろうとするから、グズグズしているということもあるのです。

ただ、私は、宿題を月曜日の朝にすること自体は悪いとは思っていません。

「あぁ、あれをしなきゃ」というプレッシャーをずっと抱えながら、せっかくの週末の時間を過ごしてしまうことが、よくないのです。

「宿題は月曜日の朝にやるから大丈夫」と開き直って、遊んだり、本を読んだりできればいいのですが、ほとんどはそういうわけにはいかないでしょう。何をやっていても、「まだあれが終わっていない」と気がかりで、大切な時間を楽しめないはずです。

それなら、先にやっちゃって、すっきりした気分で遊んだほうがよくないですか？

私の高校時代の担任が、卒業のときに贈ってくれたのは、こんな言葉でした。

「明日できることは、明日しなさい」

そのころは、「何を言っているんだ。そんな怠《なま》け者の精神じゃいかんだろ」と短絡《たんらく》的に思っていましたが、いまになって、たいへん深い言葉であると感じているのです。慎《つつ》ましくマイペースに生きていた先生は、時間の本質をよくわかっていたのかもしれません。

私たち大人は、「今日できることは、今日やりましょう」「明日に先延ばししてはいけません」という哲学のもと、生きていることが多いものです。

でも、明日できることであれば、明日でもいいのです。「今日のうちに」といって、今日の時間にさまざまなことを詰め込もうとすると、心は置いてきぼりになります。

いつも「今日のうちにやらなきゃ」と時間のプレッシャーを抱えていたら、心は重く、「期限が迫っているのに腰が重い」という状態にもなるのも無理はありません。

時間に縛られずに、意志決定をするためには、自分の心を基準に時間を選ぶことです。

私は、ストレスになりそうなことから、早めにやってしまいます。

ストレスにならないことなら、あとでやります。「これは明日やるから大丈夫」と決め、それまでは考えないようにすれば、穏やかな時間は戻ってきます。

「明日できることは、明日しなさい」というのは、「今日やりたいことを、今日しなさい」ということだったのだと、あとになって気づいたのです。

死ぬときに後悔しない時間の習慣

心を基準に、時間を選ぶ

スケジュールは、大事な予定から入れていく

前項の「明日できることは、明日しなさい」というのは、やみくもに時間を先送りしましょうということではありません。「いつかできる」と先送りばかりしていると、永遠にできないことになってしまいます。先送りをするときは、〝計画〟が必須なのです。

普段、忙しく仕事をしている人にかぎって、長期休暇の旅行や、イベントやボランティア参加など、「ここぞ！」という用事には、たっぷり時間をとっていることがあります。また、そんな人は、「ここぞ！」というつき合いにはしっかり時間をとったり、「これぞ！」という勉強をちゃっかりしていたりして、次々とやりたいことを叶えていきます。

一方、さほど忙しそうでもないのに、「時間がないのよねぇ」といって、いつまでもグズグズとやりたいことをやらない人もいます。

「資格の勉強をしたいと、もう3年くらい思っているんだけど、仕事から帰ると疲れちゃって、

ほかのことをする余裕もない。家の片づけも、しようしようと思いながらもう5年ぐらいたっている……」というように。完全に、優先事項を間違っています。

時間云々《うんぬん》の問題もありますが、「ああ、あれがしたいのにできない」と心に引っかかりながら時間を過ごすと、だんだんイライラも募《つの》ってくるでしょう。

さて、どうして、時間がとれないのでしょう？　これらは、自由な時間があるかないかの問題よりも、決定的に違うのは、次の理由です。

「最初にまず、大事な予定から入れないから」

自分の時間がとれている人は、まずは自分にとっての「大事な時間」から確保します。そして、余った時間に、ほかの日常的なことを入れていきます。

これに対して、自分の時間がとれない人は、「時間ができたら、やろう」と思っているのです。楽しくないことばかりをつぎつぎに入れるので、楽しいことを入れようとしても押し出されて、できていないのではないでしょうか。

たいへんもったいない時間の使い方です。

時間というのは、「箱」のようなもので、誰もがもっている同じ大きさの箱に、一つひとつの時間である「石」を入れていく……と考えるとわかりやすいでしょう。

その「石」の入れ方は、大きく分けて二つ。

1　まず大きな石を入れて、隙間《すきま》にちいさな石を入れていく人

2　ちいさい石から入れていき、大きな石が入れられなくなる人

1の「まず大きな石を入れる人」は、中心にどんと大きな石を置き、できた隙間に合わせて、ちいさな石を入れていくため、無駄な隙間もなく、結果的にたくさんの石を入れられることになります。

2の「目の前にあるちいさい石から入れる人」は、ただやみくもに石を箱に入れていくので、あとで大きな石を入れようとしても入らないことになります。無駄な隙間が多く、結果的には少量の石しか入らないでしょう。

私も、長い間、2の「ちいさい石をやみくもに入れて、大事な石が入らない人」でした。しかし、「これでは時間に流されてしまう」という感覚になって改めました。その一つが「毎年一つテーマを決めて、面白い旅をしよう」と年の始めに、何より先に、旅行の予定を入れてしまうこと。会いたい人に会いにいく時間、やりたいことをじっくりする時間も、ある程度、柔軟性をもたせて確保します。

その隙間に、日常の仕事や生活、遊びなどを入れていくのです。

すると、大切な時間が確実にとれるだけでなく、面白い現象が起き始めました。

大切なことの前は「あぁ、私にはあれがある。それまでに終わらせよう」と日常に気分のいい張りができ、終わったあとも「やってよかった！」と、すっきりリフレッシュして日常に戻れるので、前後の時間が明るく引き締まってきたのです。

だから、最初に入れる〝石〟は、できるだけ「喜びの大きいもの」であることが大事。

最初に大きな石を入れることは、箱である人生の時間を明るく輝かせることです。

あなたは、人生で大切なことを優先できていますか？

死ぬときに後悔しない時間の習慣

年の初めに「絶対にしたいこと」の予定を入れてしまう

第 5 の 習 慣

動くことを大切にする

「新しい明日」を始めるルール

時間を捨てていませんか

不安にとりこまれて、動けなくなっていませんか？

人生の時間は、自ら動くことによって生きてきます。

ここでいう「動く」とは、物理的に動くということだけではありません。

たくさん動いたり、遠くまで動いたりしたほうがいいということでもありません。

本を読んでさまざまなことを建設的に考えたりして、自分の世界を広げる人、いつもと変わらない日常を淡々と送っていても、幸せそうに生きている人もいます。

人生において「自分の行きたい方向に、一歩でも足を進める」ということです。

そうすれば、喜びを感じる時間は、どんどん増え、どんどん積み重なっていくでしょう。

動くことは、簡単なことのようですが、社会のことがあれこれわかってくると、「やりたいことはあるけど、うーん……」と一歩が踏み出せなくなってしまいます。「転職したいけど……」「彼と結婚したいけど……」「こんなことしたいけど……」と叶えたい夢や思いがあっても、立ちどまってしまうこともあるでしょう。

どうして動けなくなるのでしょう？

悩んでいるのは、「そうしたい」という気持ちがあるからで、間違いはないでしょう。

それでも、さっと行動できないのは、「うまくいくかどうかわからない」からでしょう。

つまり、「やりたい」と心で感じること（感性）よりも、「やれるのか？」と頭であれこれと考えること（理性）のほうがフル回転してしまっているのです。

考えることはいいことですが、考えすぎはよくありません。〝不安〟にとりこまれてしまいます。そもそも不安という感情は、自分の身を守るためにあり、人間は生き抜いていくために、いい情報よりも危険な情報を敏感に察知するようにできているといいます。

しかし、悶々《もんもん》と考えすぎていると、不安という〝妄想の怪獣〟はどんどん大きくなり、「そんなことはありもしないのに」未来の悪い妄想に怯《おび》えるようになります。

冷静に不安材料を受けとめて、対処していけばいいだけの話です。

「考えること」であるところの〝理性〟がフル回転していると、心の奥底にある〝感性〟の声は聞こえづらくなります。

たとえば、子どものころからあこがれていた夢の職業への未練があったとしても、「でも、そんなことで食べていけるわけはないし」「どうせ、うまくいかないし」「だって、ネットでよくないって書かれていたし」と言い訳しながら、何も動き出せない……。それでは、非生産的な、もったいない時間を過ごしていることになります。

動いていれば、不安の霧も晴れてきます。一度、やってみたら、「やっぱり私には合わなかった」とさらに方向転換できるかもしれないし、「これが自分の天職だった！」と邁進《まいしん》できるかもしれない。ともかく、動けば、自然に、そして確実に答えが出るのです。

理性だけで考える幸せでは、ほんとうの満足は得られません。

感性だけに従ったからといって、かならずしもうまくいくとは限りません。

感性を大切にして、理性でサポートしていく……そんなセットの態勢で、物事をうまく導いていくには、ともかく、行きたい方向に動いていくことです。

うまくいくことや、うまくいかないことを繰り返したり、つまずいたり、起き上がったりしながら、幸せになる方法、うまくいく方法を学んでいきます。私たちは結局のところ、自分の経験値とそれに付随する学習からでしか、判断ができないのです。

新しい方向に足を進めるときは、「挑戦」でなく、「実験」と考えたらいいでしょう。

「でも……」「どうせ……」と考えてしまうときは、「どうしたら」と方法を考えてみましょう。

考えてから動くのではなく、動きながら考えましょう。

結果がどうであろうと、前に進めば、何かを学び、次の展開につながっていきます。


ガンジーのこんな言葉があります。

「明日、死ぬかのように生きろ、永遠に生きるかのように学べ」

「動くこと」こそ、「学ぶこと」であり、「成長すること」。

高い山に登るように、一歩一歩、歩を進め、どこまでも動いていきましょう。

あの高い場所からの、うつくしい景色を見るために。

死ぬときに後悔しない時間の習慣

「挑戦」でなく「実験」と考える

どうして、人は時間を無駄にするのでしょう？

誰にだって、「これまでの時間は何だったのか……」「時間を無駄にしてしまった……」と思ったことは、一度や二度はあるはずです。

もちろん、私にもあります。いまは、「人生に無駄な時間は何ひとつない」などと達観できるようになりましたが、50種類以上の仕事をしてきた私は、転職するたびに、「あーあ、また振り出しに戻ったか」と思うこともありました。

「せっかく何年もかけて仕事を覚えたのに、それはゼロになってしまうのか」と。そのときそのときで、大事な人生の学習をしていたことに気づいたのは、ずっとあとになってからです。

「時間を無駄にする」という言葉は、よく聞かれるものですが、何が「無駄」であり、何が「必要」なのかは、たいへん主観的なものです。

その人が、何を求めているかで、「必要」か「無駄」かは決定されます。

たとえば、テレビを観ていて「あー、また無駄に時間を使ってしまった」と思う人もいれば、「なんて楽しい時間だったのだろう」と思う人もいるでしょう。

「時間の無駄」をなくすためには、「自分のやりたいことは何か？（目的）」と「そのために必要な時間は何か？（時間）」をわかっている必要があります。目的がなければ、極端な話、無駄な行動、無駄な時間を、毎日毎日、何年と繰り返している可能性があります。

そして、私たちは、無意識に「失敗・うまくいかなかった＝無駄な時間」と考える傾向にあるのではないでしょうか。

ちいさなことでいえば、無駄足。楽しみに美術館に行ったら、休館日だったというとき。「この時間があったら、ほかのことができたのに」などと、ちいさく悔《くや》しがります。

大きなことでいえば、恋人と結婚するつもりでつき合ってきたのに、相手が心変わり。「私の大事な時間を返してよ」と言いたくなるかもしれません。

しかし、すべての行動には、「うまくいかない場合もある」というのが前提です。

だから、うまくいかなかったときは、大急ぎで、「よかったこと」「学んだこと」「利用できること」など、いいことを探しましょう。必ずあるはずです。

「無駄」と思うのは、「なんの利用価値もない」と思っているからです。
いいことが一つでも見つかれば、それは無駄な時間ではないでしょう。

また、「失敗＝無駄な時間」と考えるために、失敗を恐れて、なかなか動けないこともあります。とくに、私たちは表面的なことを見て、「失敗」と「成功」を判断してしまいます。
たとえば、「無駄な恋愛はしたくない」といって、結婚の見えない恋愛に臆病になってしまう、チャレンジしたい賞があっても、失敗を恐れて「そんな無駄な苦労をすることはないか」と逃げてしまう、やりたい仕事があって転職したいのに、「無駄に動いても、損するだけ」とあきらめてしまう……というように。

失恋や失敗は、一時的に見ると、何かを「失う」ことですが、観点を変えて考えれば、何かの学びや経験、そして次なる展開を「得ている」ということになります。

デコボコの道を行ったり、間違った道を行ったり、軌道修正したり、さまざまなことを経験する機会があってこそ、自分の道ができていきます。若いころは、無謀《むぼう》な道を行っていた人でも、だんだん自分を喜ばせるもの、ほんとうに必要なものがわかるようになっていきます。

安全な道を行こうとすると、表面的には成功しているように見えていても、現実と心とのギャップはどんどん開いていくでしょう。つまり、自分の道を行く機会と時間を失ってしまうということです。

「失敗しない人生」より、「気持ちいい人生」「成長していく人生」を目標に設定すれば、失敗することも含めて、動くことすべてがチャンス。毎日の行動も変わってくるでしょう。

ただ、時間を「必要」「無駄」ときっちり分けようとするのも、プレッシャーになるものです。人とのおしゃべりや、ぼんやりする時間など、目的もなく過ごす無駄な時間こそ、贅沢で豊か。それが、ほんとうに大事な時間のために役立っていることもあります。

あまり損得や結果を考えすぎず、行きたい方向に動いていけば、自然に道が開けてくるのではないでしょうか。

死ぬときに後悔しない時間の習慣

「無駄な時間」から利用価値を見つける

そのときそのときの気分を大事にしていますか？

台湾で暮らしたあと、私の生活で変化した習慣といえば、「先の予定を入れなくなったこと」。台湾人の行動は、ほとんど〝ノリ〟(すべてではありません)。夜、「かき氷を食べたくなったから、これからみんなで行かない？」と連絡すると、行きたい人が集まってくる。誰かの家に遊びに行くと、その家族が「今日は泊まっていきなさいよ」と言う。家に行くのは、むしろ、突然のほうが礼儀。先に伝えから行くと、準備して待っていないといけないため、突然のほうが「あら、家が片づいていないのよ」と言い訳がしやすいからです。

そんな暮らしが快適になったため、私は、ウィークデイの夜や週末の予定は、なるべく入れなくなりました。日中の予定も、仕事をやっているので、ほとんど入れません。長期休暇の旅行や、忙しくてなかなか日程調整が難しい人との面談など以外は……。

こんな習慣が日本で通用するの？ と思っていたのですが、ここ数年は、「今日の夜、ゴハンつき合って」「ちょっと話したいんだけど、いまからそっちに行ってもいい？」といった具合で、なんとかなっています。相手も同じようなノリの人が多いのか、「よかった！　ちょうど今夜は空いていたの」という感じ。いえ、みんな暇人というわけではなくて。

おそらく、誰であっても、予定を入れすぎると、いくらか心の負担になるのではないでしょうか。今夜の予定を確認し、「そんな気分じゃないんだよなぁ」と思っても、キャンセルすると相手に迷惑をかけてしまう。心が重くなりつつ、指定の場所に向かう……ということは、できるだけ避けたいのです。単に「気分じゃない」ということだけでなく、ほんとうに体の調子が悪くなったり、急用が入ったりするかもしれませんし、極端なことを言うと、生きているかどうかもわからない。そんな先のことには、責任がもてないのです。

しかし、都会のビジネスマン、ビジネスウーマンたちは、「再来週の火曜日、または、その次の週の木曜日なら空いています」というように、予定がぎっしり詰まった方が多い。「え？　今日か明日はどう？」と言っても、「そんなに急に言われても……」と、非常識者扱いをされてしまいます。これが日本の流儀といえば流儀ですが、そんなにたくさんの予定を先まで入れると、つらくないですか？

予定をぎっしりと入れてしまう気持ちは、私もかつてそうだったので、よくわかります。

その予定が重要とか、それほどでもないとか、行きたいとか行きたくないとか、優先順位を決めずに、ただ「空いているから」という理由だけで入れ込んでしまうのです。自分の心に問うこともなく。予定があることで充実しているかのような錯覚もしていまいます。

「先にスケジュールをどんどん入れてしまいましょう。気分はそれに合わせてついてきます」という感覚もわからなくはありませんが、スケジュールに気持ちを合わせるより、気持ちにスケジュールを合わせたほうが、気分はいいはずです。

なにより、いつも自分の気持ちまでコントロールしようとしていると、時間がぽっかり空いたときに、何をしていいのかわからなくなってしまう。「そうだ、今日はこれをしたい！」という気持ちも湧き上がらず、ただ時間をもてあましてしまうでしょう。

勤務時間中は、スケジュールも気持ちも、ある程度はコントロールされているのですから、せめて、「何も予定を入れない日」をつくっておいたほうがいいと思うのです。

「その日の予定は、その日の天気、体調、気分で決める」という日が、ウィークデイの夜や、休日にはあってもいいでしょう。「天気がいいから、公園に散歩に行こう」「体調がいいから、部屋を片づけよう」「気分がいいから本を読もう」というように。

仕事が好きな人であれば、「今日は仕事をしたい」でもいいでしょう。ただし、予定をあらかじめ決めておかないと気がすまないという人もいるので、家族や友人に迷惑にならない範囲で。

注意しなければいけないのは、「ゆったりした時間をつくる」という目的のために、忙しくしないことです。

昨今は、「朝活」「ゆう活」という言葉もあり、朝や夕方に、充実した時間をもとうという流れもあり、無理なく楽しめる範囲ならいい行いです。

しかし、朝早くのセミナーに参加するために睡眠時間を削ったり、夕方のイベントに参加するために、仕事をキツキツに詰め込んだりしては、本末転倒。それこそ、「ゆったりした時間」のために、時間に縛《しば》られることになります。

単純なことですが、自由とは、自由に動く時間があるということ。行動すればいいというのではなく、自分が好きなように行動するために予定はあまり入れないほうがいいのです。

予定は最小限にしておく

動くこと、休むことに罪悪感はありませんか？

「動くことができない」のは、物理的・状況的な問題ではなく、ほとんどは心理的な問題が原因です。いつも自由に動いていると思っている私でさえも、転職するとき、引っ越しするときなど、自分のなかに〝罪〟のような意識が芽生えることがあります。

動く動機はいつも、「やりたいことを見つけたから」「素敵な場所を見つけたから」といった積極的なものだからこそ、「いまの場所も素敵でなんの問題もないのに」「やさしい人たちがいるのに」「ここに留まらないのは、ワガママというものではないか」などと思い始めると、心苦しくなって途端に勢いが弱まります。大人は、自分の欲望に向かって素直に動くということに、いくらか罪悪感が付きまとうのではないでしょうか。

しかし、ここは自分の気持ちを信じるしかない。どんな状況であろうと、どんなに苦しくても、実行してしまいます。動かなければ、必ず後悔すると思うからです。

罪悪感も心苦しさも、自分自身がつくり出しているもの。たとえ、「動かなくてもいいのに」と言う人がいたとしても、他人は自分ほど真剣に考えていませんから、その言葉に従うわけにもいかないでしょう。

動くときは、「失うこと」につい目が向いてしまいますが、「あぁ、私はここがこんなに好きだったのか」とこれまで得ていたことに感謝し、これから「得ること」に目を向けていくしかありません。

また、同じように「休めない」と言う多くの人の嘆きも、心の問題です。

その理由は、「仕事が忙しいから」「自分のほかに仕事ができる人がいないから」「上司が休んでくれないから」「長期休暇の前例がないから」……といった状況に問題があると考えるでしょうが、それは表面的な理由で、ほんとうの理由は、心のなかに無意識に感じていることがあるのではないでしょうか。

一つは、罪悪感。「まわりが忙しくしているときに、休んでもいいのか」「まわりに合わせたほうがいいのではないか」など休む動機と両天秤にかけて考えていると、有給休暇をとるのもためらってしまうでしょう。まわりを気遣うことは大切ですが、それが行きすぎて「休めない」

という状況を生み出すと、まわりにもやさしくできなくなってしまいます。
「自分の自由が、他人のために制限されている」という状況は、好きでやっているなら別ですが、できるだけつくらないほうが身のため。他人にやさしくしたければ、自分の気持ちを優先することです。

人生に閉塞感を感じているのなら、無意識に感じている「〜するべき」を見直してみる必要があるでしょう。自由であるためには、罪悪感は「まわりを大事にしようとしている気持ち」として受けとめ、手放す必要があります。

自分の人生を、コントロールできる人は、自分しかいないのです。

そして、もう一つの本音は、「認められる自分でありたい」という承認欲求。「休むと認められなくなるのではないか」「悪く思われるのではないか」とまわりの目が気になって休めない。
「まわりがどう思うか」と考えると、行動は制限されてしまいます。
「他人の評価によって、自分を評価する」という流れができてしまうと、他人に認められない自分を受け入れられなくなってしまうでしょう。

まずは仕事でも休みでも「自分は自分の心に従って、やりたいことをやっている」と自分を信頼する気持ちが大切。自分に対する「自分の評価」と「他人の評価」は、別物であると考えたほうがいいでしょう。

ある友人は、休みをとっては旅行したり、ボランティアをしたりと、充実したことをやっていますが、会社には秘密にして、SNSにもけっしてその様子をアップしません。

「だって、なに言われるかわからない（笑）。私が、休んであれこれするのは、仕事を続けていくため。休みがあるから、またがんばろうと思うし、新しい刺激もあって、仕事にもいいヒントがあるのよ。でも、それは自分でわかっていればいいことでしょ？」

有給休暇をとって自宅で仕事をする友人もいます。何よりも仕事が好きなのです。

「仕事がしたいけど、会社に行きたくないから自宅でするだけ。そのほうが集中できるし」

休むことは、時間からの解放。「何をしなければいけない」という制約はありません。

「動く」「休む」は結局、同じで、やりたいことをやること。自分自身の心でブレーキをかけてはいけないのです。

「自分の評価」「他人の評価」は別物と考える

第6の習慣

人とつながっていく

「心の支え」を見つけるルール

あなたは誰とつながりますか

誰かのために命を使うことが、自分の幸福感につながる

「自分の自由な時間」は、基本的にどう使おうと自由です。やりたいことをやって過ごせばいいでしょう。

本を読むのも、映画を観るのも、おしゃれをするのも、おいしいものを食べるのも、自分を喜ばせるものは、なんでもやっていいのです。

しかし、なかでも、人がいちばん幸福感に満たされる時間は、「人に喜んでもらえている」という実感を得られるときではないでしょうか。

人は命の期限を感じたときに、「大切な人に、何ができただろう」「世の中に対して、何をしてきただろう」と振り返ることがあるはずです。

〝時間〟は、〝命〟そのもの。生き物のすべてが、自然から何かの恩恵を得て、自分の命から何かを与えて全うしていくように、人間にも、何かとつながり、何かのためになりたいと思う気

持ちが、本能的に備わっているはずです。

かつて取材をした男性で、大病を患《わずら》って手術をし、家族も失って、余命を真剣に考えた人がいました。そこで彼が起こした行動は、田舎のタダ同然の山を買って、ひたすらアジサイの花を植えることでした。

「一日は24時間。8時間は寝る時間。8時間は仕事をする時間。残された8時間、自分の命を、自分のやりたいことに使おうと思った」

暗くなっても、車のヘッドライトをつけ、雨の日もカッパを着て、一人で黙々とアジサイを植え続けました。

数年たった梅雨の時期、その山はうつくしいアジサイの花でいっぱいになり、たくさんの人がやってくるようになりました。彼をサポートしてくれる新しい家族もできました。かつて病気だったとは思えないほどの元気さで、やってくる人たちを歓迎している姿は、輝いているようにも見えたのです。

彼に最初から「人のためになりたい」という気持ちがあったかどうかはわかりません。

でも、自分の命を真剣に考えた結果が、何かを残し、何かとつながっていくという道。「生かされている」命から、「生きていく」命になっていったのでしょう。

若いときは、人のためにできることは少なく、「与えられること」に喜びを感じるものです。会社からしてもらうこと、恋人や夫からしてもらうこと、友人からしてもらうこと……。損得で考えたり、「自分の与えていること」と「与えてもらうこと」のバランスを考えたりすることもあるかもしれません。

しかし、だんだん、年を重ねるにしたがって、与える側にまわる比重が大きくなり、自分が人のためにできることを喜べるようになります。

現在、私の拠点の一つは地方の農村にあって、まわりの住人のほとんどは高齢者。つくった野菜を分けてもらったり、料理や漬物をいただいたりして、何もお返しはできていませんが、「そんなことは考えなくていいの」と笑って返されます。

ある80代の一人暮らしの女性は、朝3時半に起きて、赤飯やヒジキの煮物をつくり、地域の市場に売りに行きます。「毎日5回ケータイに売り上げが報告されるから、励《はげ》みになる」と言い、長年大事に使ってきたレシピも、誰にでも公開してくれます（人によっては、盗まれると競争相手になるからと、秘密にする人もいるとか）。子どもたちから都会で一緒に住もうと提案されても、自分の暮らしを守り続けています。

そんな姿は、これもまた誇らしく、輝いて見えるのです。

「人が喜んでくれる」、これ以上のモチベーションはないでしょう。

自分が「何かを与えられる」「必要とされる」という実感がある場所は、職場であろうと、家庭であろうと、地域であろうと、自分の居場所であり、安心できる場所です。

「人を幸せにしたい」という気持ちが、豊かな時間になっていきます。

それが自分にほんとうの幸せをもたらしてくれることを自覚できたら、時間の意味も使い方も変わってくるのではないでしょうか。

「自分にできること」で、「自分の居場所」をつくる

「誰」のために時間を使うのか？

親が亡くなったとき、どんなに介護をしてきた人でも、どんなにいいものを贈って親孝行してきた人であっても、「精一杯のことができただろうか」といくらか後悔するといいます。無理もありません。親が与えてくれたことに、到底追いつくことはできないのですから。

親が子どもに差し出してくれたこと、それは「命」であり、「時間」です。

親が子どものために使ってきた時間は、膨大なものでしょう。育児をしてくれた時間、一緒に遊んでくれた時間だけでなく、子どもを育てるために働く時間も、自分の時間を差し出していいます。

大人になって親孝行しようと思っても、そこに見合った時間を返すことは、ほぼ不可能でしょう。それはしょうがない。できる範囲で、できるだけの孝行をして、あとは自分のつくった家族や、ほかの人に「恩送り」をしていくしかありません。

「誰のために、時間を使うのか」と問うと、私たちは結構、チグハグなことをしていることがわかります。大切な人のために、大切な時間を使うべきなのに、大切でない人、むしろ、どうでもいい人のために時間を使っていることがあるのではないでしょうか。

先日、こんなことを言っている友人がいました。

「上司が、いい加減に仕事をしている新人をやたらと褒《ほ》めるの。私には厳しく当たるのに。悔しくて眠れなくなっちゃった。もう3日間ぐらい引きずっているんだから」

気持ちはわからなくはありませんが、職場でイライラし、家に帰ってもムカムカし、それが3日間も続いているとしたら……それは嫌な上司にのために気持ちを支配されて、3日間も時間を差し出していることになります。しかも、相手は何も反省していないというのに。

こんなこともあるでしょう。信頼している人に裏切られたとき、誰かから大きな損害を被《こうむ》ったときなど、つい相手にも、同じような痛みを受け、償《つぐな》いをしてほしいと考えます。人によっては復讐したいとさえ考えるかもしれません。自分だけが傷つくのは、到底、受け入れられないからです。が、よくよく考えてみると、相手にイライラ、ムカムカしているときは、その憎き相手のために時間を使っているということ。

はたして、それでいいのでしょうか？

憎しみの罠《わな》、復讐の罠にはまってはいけない。許す、許さないはともかく、さっさと忘れて、自分の時間を取り戻すほうが賢明だと気づくでしょう。

社会生活を送っていると、忙しい毎日があたりまえになり、自分との時間を喜んでくれる人、大切な人との時間は、追いやられてしまう傾向にあります。いちばん大事な時間を「家族との時間」といっても、現実的には、仕事中心であることも多いでしょう。

そして、いちばん大切な人であるところの「自分」。自分のやりたいことは、先送りして、それほど大切でもないことに、時間を使っているのではないでしょうか。

もし、大切な人がいるとしたら、大切なやることがあるとしたら、そこを中心に、時間の配分を考えていくべきなのです。

ときには生活スタイルを変える必要なこともありますが、そうでなくても、「誰のために時間を使っているのか」を考えるだけでも、時間の使い方は変わってきます。

また、自分が時間を差し出すことと同じように、まわりの人が、自分に時間を差し出してくれていることも考えるべきでしょう。

「ちょっと手伝って」「ちょっと話を聞いて」と相手をつき合わせているときは、相手の命の時間を提供してもらっていることになります。

もう少し広げて考えると、自分が生まれてきたこと、自分が成長してきたこと、いま自分が生きていること……そこには、天文学的な人と時間が関わっています。

さまざまな時間のうえに、自分が成り立っていることがわかります。そんな見えない時間を意識して感謝すれば、自分の命の時間も大切にできるはずです。

あなたは誰のために時間を使いますか？

死ぬときに
後悔しない
時間の習慣

「いまの自分」に関わっている人の時間を考える

時間をかけたいこと、かけたくないことの線引きをする

現代社会は、生活に関わる時間をお金で買う仕組みになっています。

先日、都心から地方に引っ越したときのこと。海外出張の翌日の引っ越しだったこともあり、荷物を段ボールに詰める作業を専門業者にお願いしました。2人の女性が来てくださり、2時間弱ですべての梱包《こんぽう》が完了。さすがプロフェッショナル。締めて3万円でしたが。

私が一人でやろうとしたら、おそらく1週間かかっても終わらないでしょう。3万円分のお金は、働いて稼いだほうがいいではないかと、つい考えてしまったわけです。

しかし、このように、身のまわりのことを、あれこれ「お金で解決しようとするばかりでも……」という危惧《きぐ》が生まれたのも確かです。

気がつけば、「料理すること」「掃除すること」「洗濯すること」「お金の管理をすること」「インテリアやファッションのコーディネートをすること」「心と体を癒《い》やすこと」……何から何ま

で、私たちのまわりにはサービスがあります。「レンタル友だち」というサービスまであるらしく、それが生きる救いになっている人がいることも現実でしょう。

自分で時間をかけて労するよりも、プロに頼んだほうが、満足したものが得られる。自分は自分の役割に徹したほうがいいという論理もわかります。私も、ずいぶん助けられています。が、これが行きすぎ、それらなしでは生きていけなくなったとしたら、そのために、ひたすら働く時間を提供し続けることになるでしょう。お金をかけて人にやってもらうところ、自分の時間をかけるところを、線引きする必要がありそうです。

田舎暮らしをしていると、地域の人たちの生活のシンプルさに驚かせられることがあります。食べること、着ること、住まうこと、健康を保つことには、あまりお金をかけていません。野菜は自分たちでつくり、ゴミの処理も、たき火で燃やしたり、堆肥《たいひ》にしたりして、自分たちである程度はやってしまいます。困ったことがあると、「お互いさま」と言って誰かに助けてもらい、これもまたお金をかけません。生活することに、きちんと時間をかけているので、豊かな時間を過ごしているように見えるのです。

もちろん、そんな暮らしが合わない人もいるし、やみくもにおすすめするものでもありません。私も田舎の生活とは、違った暮らしをしています。

一つの教訓としていえるのは、何かに頼ろうとすると、お金がかかり、そのお金を得る分の時間を提供しなければいけない、ということです。すべて人任せにすると、働くことに忙しく、「時間がない」ということになってしまうでしょう。

消費社会が進み、さまざまなサービスが細分化して提供され続ける現代において、このことをしっかりとわかっておく必要があります。

繰り返しますが、人にやってもらうところ、自分のやることを、自分の価値感で線引きする、ということです。

私の母は、50年近く前、看護師として働くために、子守りに来てくれるおばあさんを探し、6年間、家族ともどもお世話になっていました。

このおばあさんから私は読み書きを教わって本に熱中するようになり、いつも「あなたはすごい！」と褒めてもらっていたので、その経験がいまにつながっていると感謝しています。

働くお母さんたちのなかには、「ほんとうは自分が一緒にいてあげなきゃいけないのに」と罪悪感をもっている人も多いものですが、「助けてもらうことところは、助けてもらう」「お金で解決できるところは、割り切って解決する」でいいでしょう。

他人と比較するのではなく、自分が笑顔で過ごせるバランスを模索《もさく》することです。

ただし、生活のなかの基本的なことはちゃんとできて、自分で自分のケアができる状態でいたほうが、いざというとき、お金があまりなくても生きていけます。

とくに、心と体の健康は、人任せでなく、自分自身である程度、時間をかけたほうがいいでしょう。「自分の心や体には、何が必要か」をわかって対処することです。健康を失うと、働くこともできなくなりますから。何かのサービスを買うときは、「ほかに方法はないのか?」、一度、立ちどまって考えてみてください。

死ぬときに
後悔しない
時間の習慣

心と体の健康には、自分で時間をかける

つながる人を見つけていく

九州で大地震が起きた日、台湾留学時代にお世話になった、海外旅行中の女性教授からたまたま連絡がありました。私が被災しているわけではなかったのですが、地震のことを伝えたところ、「それは大変」とすぐに大学に義捐《ぎえん》募金を呼びかけ、自分でも給与の10％を寄付してくれました。

感動していると、「台南で地震があったときは、日本から多くの支援をいただいたから、今度は台湾が恩返しをする番。〝救急不救貧〟です」。「救急不救貧」とは、貧しい人を助けるほどのお金の余裕はなくても、緊急のときは助けられるという意味だとか。

こうした助け合いの精神は、台湾に深く根づいていて、東日本大震災のときは、個人からの義捐金だけでなく、さまざまな場所でチャリティイベントが開かれました。学生たちはお金がないので、近所の商店から売れ残っている商品を寄付してもらって、バザーを開いたり、被災者に手紙を書いたり、動画メッセージをつくったり。それぞれが知恵を絞って、自分のできることをしていました。

台湾では、緊急のときだけでなく、普段の生活のなかでも、学生からお年寄りまで、ボランティアが盛んです。美術館、郵便局、学校、病院など公的な場所には、ほとんどボランティアスタッフがいて、キョロキョロしていると、「何か手伝うことはありませんか？」「荷物をもちましょうか？」と声をかけてくれます。妻を亡くして自宅に引き籠《こも》っていたある男性は、ボランティアをすることで、生きる力を取り戻していったとか。

とくに時間的、経済的に余裕のある人がやっているのではないのです。農家や市場で働く女性から、年金生活者まで、「ちょっと午前中、時間ができたから」というように、気負いなく参加しています。ただ「人のためになるのが、うれしいから」です。

見知らぬ人にも、何かをしようとする人びとの笑顔は、とても幸せそうに見えるのです。

人のためにお金を使うだけでなく、「時間」でつながることもできるのです。

文化や環境の違いといえばそれまでですが、誰にだって、「人に喜んでもらえたら、うれしい」という気持ちが本能的にあるでしょう。

日本でも、こうしたボランティアなどの活動は、静かに息づいているように見えます。

東日本大震災のボランティアを続けている人もいるし、働くお母さんに代わって子どもを預かってくれる人、介護施設に楽器を演奏しにいく人もいます。

母の介助にきてくれるホームヘルパーさんは、仕事が終わったあとも、数時間いて、母の話を聞いてくれたり、手編みの帽子をつくってもってきてくれたりします。ほんとうに、ありがたい……。

高校の若き後輩Kくんは、サラリーマンをしながら、週末は地元の食材でランチを振る舞う予約制レストランを開いています。趣味で鍛えた料理は、プロもびっくりの腕前。

すごいと感心するのは、その売り上げを、すべて震災など国内外の義援金にしていること。Kくんもお客と一緒に、ワイワイ楽しみながら料理を食べて、自分も同額を支払い、ワインなどの材料費などはもらわないので、レストランは開くほどに赤字。料理の仕込みに何日もかけて、遊ぶ時間がなくても、Kくんは「これは自分の趣味なんです」と爽やかな笑顔なのです。

彼は東日本大震災が起きたとき、自分もなにか手伝いたいけれど、仕事があって現地には行けない。そのとき、「仕事時間の半分なら、被災者のために働ける。午前中は自分の生活のため、午後は被災者のために働こう」と考えたことから、この活動につながっていったとか。

料理を提供することで彼は賛同する人たちとつながり、そこで集まったお金で支援する人たちともつながる……。なんとも、贅沢《ぜいたく》な時間の使い方です。

知っている人でも、知らない人でも、つながって、何かができる機会がもてたら、それはたいへん豊かな時間になるでしょう。孤独な高齢者や、経済的に困っているシングルマザー、病気で助けを必要としている人……。身近でも、困っている職場の後輩や、悩みを抱えている友人、一人暮らしの親戚などに、何かできることがあるかもしれません。

電車のなかで席を譲ったり、ちいさな親切をしたりするのも、豊かな時間です。

少しまわりに目を向けて声をかけるだけで、心が温まります。人のやさしさは、世の中の希望でもあります。やさしさがあるかぎり、人は必ず救われると思うのです。

死ぬときに後悔しない時間の習慣

「お金」ではなく、「時間」でつながる

第7の習慣

時間を積み重ねていく

「情熱の人生」を楽しむルール

どんな経験をしてきましたか

長期的な視点で積み重ねる

いま、私たちが手に入れているものは、私たちが何に時間をかけてきたかによって決まっています。「経済的にいい暮らしをしたい」と強く思ってきた人はそんな立場を手に入れているでしょうし、「冒険的な生活をしたい」という人、「自分の才能を発揮したい」という人、「社会的な立場を手に入れたい」という人、「家族と穏やかに暮らしたい」という人……それぞれの希望に沿った時間の使い方をしてきたでしょう。

つまり、「手に入れているもの＝自分が使ってきた時間」ということ。まわりに流されて、「自分の思い」と「手に入れているもの」にギャップがあるのだとしたら、いまやっていることをやめ、違うことに時間を使う必要があるかもしれません。あとで「自分はこんなものが欲しかったのか？」と後悔することになりますから。

私の半生は、年代ごとにたいへんわかりやすい「手に入れたい〝自由〟」がありました。社会に出たばかりの20代のころは、「経済的な自由」が欲しいと思っていました。「あれが買いたい」というときに、すぐにそれを叶えられる人になりたかったのです。

会社員としてがむしゃらに働き、経済的には不自由のない生活を送れるようになったものの、30代で会社を辞めることになったとき、その会社でしか役に立たない自分であることに愕然《がくぜん》とします。

そこで、次に手に入れたかったものは、「場所の自由」。どこでも働ける人になりたいと、着物着付け講師の免許や、撮影、編集、執筆などのスキルを身につけ、さまざまな場所で働きました。が、忙しすぎて、自分のやりたいことを叶える時間がない……。

ということで、次に欲したのは「時間の自由」です。思い切って上京し、フリーランスの物書きとして自分のペースで自由に仕事をしていくうちに、書くことの喜びを実感し、「もっといいものが書きたい」「もっと人のためになりたい」という欲が出てきました。

そして、40代になって、つくづく欲しいと思ったのは、「続けていく自由」。そのためには、学び続けること。学びたいことのために留学すること、旅をしてさまざまな人と会うことなど、学びと経験に時間をかけてきました。まだまだ道半ばですが、おそらくこの道は、最期のときまで続くのでしょう。

確かに、求めたものが手に入り、求めていないものは手に入っていないと感じるのです。時間というものは、切り貼《ば》りできず、なかったものにもできず、ただただ淡々と積み重なっていくものです。地層のように。

もちろん、いまを大事にする時間も必要ですが、それと同じように、先のことを見据えて重ねていく時間も必要。私たちは高い確率で、これからも生き続けていくのですから。

あとで「なにもできない」というような〝不自由〟な人になってほしくないのです。伸び伸びと生きていくためには、そのための時間を積み重ねていくことが大切。

一つの例として、私はあちこちで、「60歳で月に10万円稼ぐ女《ひと》になろう」と伝えています。たとえ会社がなくなっても、家族がいなくなっても、住む場所が変わっても、「私はこれがあるから生きていける」というものがあれば、心強いでしょう。

「60歳で月に10万円」というと、難しいと思うかもしれません。

でも、経験上感じるのは、5年なにかの仕事を積み重ねると、その道のプロフェッショナルになり、10年も続けると、すでにベテランになるということ。いまやっている趣味を仕事にしていく道もあるし、これまで培《つちか》ってきた知識やスキルを生かす道もあり。その力を少しずつでも「稼ぐ力」に変えていけばいいのです。一日5000円、20日働いて月10万円というプランは、すぐには難しくても、時間をかければ、誰にでもできることです。

いま「60歳以降も働き続ける」というイメージは描きにくいかもしれませんが、現実は確実に変わってきています。なにより、残り3分の1の人生、「人のためにできることがある」「必要とされている」と感じながら過ごす時間は、豊かなものになっていくでしょう。

あなたが欲しいもの、欲しい場所を手に入れられる道は、「時間という財産をどう使っていくか?」にかかっているのです。

一度きりの人生、〝自分〟にかけてみませんか?

死ぬときに後悔しない時間の習慣

いまを大事にしながら、長期的な視点ももつ

"情熱"と"長所"にフォーカスして積み重ねる

南米を旅して、目《ま》の当たりにしたのは、「最初から与えられているものが違う」という現実でした。たとえば、アルゼンチンなら、白人移民の子どもと、現地の貧困地域から移住してきた子どもは、小学校も違えば、勉強のカリキュラムも違う。住む環境も、接する大人も違う。相対的に恵まれていない環境の子どもが、社会的な立場や、経済的な豊かさを手にしていくには、並ではない努力と時間の積み重ねが必要なのです。

ウルグアイで逢った50歳のシングルマザーは、幼いころ、経済的な事情で15歳から働きに出て、中学校も卒業しなかったため、できる仕事は、工場の工員と、家政婦だけ。この数年、やっと時間の余裕ができたので、夜間中学校に通って卒業し、ネイリストの公的な専門学校に通えるようになったといいます。

「やっとここから抜け出せるのよ。もし、人生をやり直せるとしたら、どんなことがあっても、子どものころに一生懸命、勉強するわ。そして、人の役に立つ仕事がしたい。弁護士や心理カウンセラーもいいわね。それはもう無理だけど、いまから私にもできることがあると思うの」

彼女の笑顔は、誇り高く見えたのです。やっと自分の人生を歩いていけると……。

そんな環境であるため、南米で貧困層が成功する、いちばんの道はスポーツ。とくに世界の舞台で活躍するサッカー選手たちのサクセスストーリーは、男の子たちの希望でもあります。「自分のもっているものを最大限に生かして、最大限のものを手に入れる」という道を、誰もが模索しているように感じられます。

子どものころから、あたりまえのように、ほぼ同じように教育を受け、ほぼ同じような環境で生きてきた私たち日本人には、こうした現実を想像するのは難しいかもしれません。

しかし、よくよく考えると、私たちにも、「与えられているものが違う」という現実があります。たとえば、容姿や能力、家庭の環境はそれぞれ違うでしょう。子どものころから、「かわいい、きれい」と言われてきた女性は、それを生かして、何かを手に入れていくかもしれません。絵を描くことが得意で褒められてきた人は、「漫画家になりたい」と思うかもしれません。親が何かの商売をやっている人は、それを受け継いでいく道もあるでしょう。「自分のもっているものを生かして、生きていく」ということは、どんな人であっても同じなのです。

そのために、現実的に必要なことは、自分の「もっていないもの」よりも、「もっているもの」、短所よりも、長所にフォーカスすることです。自分の長所とは、人よりも「できること」。ダメな短所を人並みにする努力をするより、長所を誰にもできないものにしたほうが、まわりに評価され、稼ぎ力にもなっていきます。

もちろん、これは「人が求めてくれること」であることが前提です。

「人が求めてくれること」のなかから、自分の「できること」を探していけば、必ず伸び伸びと生きられる場所を得ることができるでしょう。


そしてもう一つ。南米の人たちが何より大切にしていると感じたことがあります。

それは、「情熱」です。いくらできることがあっても、心から「やりたい！」と思わなければ、うまくいかないということをわかっているのです。

アルゼンチンの友人は、「この国の子どもたちはみんな、自分が何をやりたいのか、よくわかっている」といい、自分の子どもたちにも、料理や歌、ダンスなど、やりたいことに時間をたっぷり与えます。「人並みにできるように」「学校の勉強がいちばん」と押しつけることはありません。これは、どんな大人であっても、学ぶ点であろうと思ったのです。

やりたいことには、どんどん力が湧いてきますから。

「長所＝やれること」であり、「情熱＝やりたいこと」。この二つがそろったものが、「生きていく道」になっていくのでしょう。なにより、その道中は、楽しい旅になるはずです。

私たちには、できることが、必ずあります。

「自分の手に入れたいものは何か？」「それには、自分の何が使えるのか？」、じっくりと考えてみてください。

死ぬときに
後悔しない
時間の習慣

「やりたいこと」且つ「やれること」に時間を積み重ねる

先を正確に見通して時間を積み重ねる

「時間がない」という人は、短時間で何かをやろうとする傾向にあります。

たとえば、3日かかる仕事を2日でやろうと思ってしまうのです。希望的観測のもとに。けれど予定の通りにはいかず、「時間が足りない」と焦ることになります。

人生においても、「時間がない」と焦ってしまうことがあります。

女性であれば、出産のタイムリミットを考える人、または考えた人は、ほとんどではないでしょうか。それは紛《まぎ》れもない現実であり、リミット間際でも産めた人は幸運ですが、仕事などで忙しくしているうちに、あれよあれよと月日が流れ、気がつけば「時間がない」。まずは相手探しからと試みても、時すでに遅し……ということもあります。

仕事であっても、「35歳転職限界説」というものがあります。35歳以上になると転職するのが難しくなると巷で言われているもので、まったく正しいわけではありませんが、30代40代になると、20代と同じ土俵では勝負できないことは、現実としてあります。ここで焦って、なんとかいい会社に入ろうと転職活動をしても、大抵うまくいきません。

「時間はかかる」と認めるべきなのです。

幸運にも、結婚相手も、職も短期間で手に入れられる人もいますが、多くは、何度か失恋を経験して、「やっぱりこの人しかいない」という自分に合った人を見つけたり、仕事のスキルを磨いたりして、それをもとに転職に成功したりするものです。

天から、王子様や、恵まれた職場が降ってくるわけではありません。

目的を達成するには、それなりの時間が必要なのですから、どんなに忙しくても、少しずつでも、自分の欲しいものへの時間を割くべきでしょう。

また、「短期間で一気にやってしまおう！」という人の特徴として、「見通しが甘い」ということがあります。

3日かかる仕事を2日でやろうとする人は、物事がスムーズに運ぶことしか考えていません。「うまくいかないこともある」と想定していないのです。

何かを進めるときに、楽観的なことはいいことですが、一方で「もしかしたら」ということも考えておく必要があります。

人生においても、このあたりは、なぜか楽観的な人がいるものです。現在の表面的な現象だけを見て、「大丈夫」と考えてしまうのです。

かつて、女性のライフコース別に、「考えていたこと」と「現実」の違う点を調査したことがあります。ライフコースとは、いまや複雑になっていますが、専業主婦、仕事をしている独身、仕事と育児を両立している人など、人生における道筋のこと。

すると、「まさか、こんなことになるなんて」ということが多いのです。

専業主婦の人は、「まさか、旦那が失業して経済的に苦しくなるとは思わなかった」。

子育てで仕事を辞めた人は、「まさか、再就職がこんなに大変とは思わなかった」。

仕事を続けている独身は、「まさか、ハードワークで心と体が壊れるなんて思わなかった」。

シングルマザーは、「まさか、この私が離婚するなんて思わなかった」

……というように。

起こりもしないことを心配するのは、無駄だと思うかもしれません。

「そのときは、そのとき」「なんとかなる」という思いもあるかもしれません。

私が伝えたいのは、「そんな危機になったときに、どうするか考えておきなさい」ということではないのです。いちばんは「危機に陥らないために、どうするかを考えて行動すること」。簡単な例でいうと、病気になったときに時間を使うより、病気にならないために時間を使うべきです。冷静に考えると、「こうなったらマズいな」ということがあるはずです。

再就職が難しいなら、いまの場所でスキルを磨いたり、育児の合間になにか身につけたりする方法もあるでしょう。離婚したくないなら、コミュニケーションをとったり、家族で楽しんだりする時間をつくるべきでしょう。つまり、先を見通して、「いま、何に時間を使うべきか」をハッキリとわかっていることです。

それでもダメならしょうがない。

「なんとかなる」は、やることをやってから言えるセリフなのです。

死ぬときに後悔しない時間の習慣

価値のあるものを手に入れるには「時間はかかる」と認める

「自分を信じること」に、時間を積み重ねる

自分がやりたいことのために、いつもコツコツと努力をしていて、一つずつそれを叶えていく……そんな尊敬するオジサンがいました。

逆境にあっても、困難があっても、雨の日も風の日も、コツコツ、コツコツ……。そのコツコツぶりが、あまりにもすばらしいので、「どうして、そんなにコツコツがんばれるんですか？」と聞くと、オジサンは照れつつも、シンプルに答えてくれました

「だって、ちゃんとやってるって、お天道《てんとう》さんに対して思いたいじゃない？　どんなにキツくても、苦しくても、なんとかやってきたって思えたら、すごくうれしいでしょ？　さかのぼるとね、中学時代に3年間、新聞配達をやりきったときに、そう思ったんだよ」

「なるほど！　この日々の積み重ねが、この人をつくっているんだ」と膝《ひざ》を打ったのです。

「お天道さん」とは、よく人の悪事に対して、「お天道さんが見ている（誰も見ていなくても、

太陽は見ているのだから、悪いことをしてはいけない）」といわれることがあります。しかし、「お天道さん」というのは、太陽のことでも、神様のことでもないのです。

「自分の心」です。どんなことをしてきたのか、どんな時間を積み重ねてきたかは、誰も見ていなくても、自分自身がちゃんとわかっています。ごまかしがききません。

コツコツは、一つひとつの成功体験。

「やればできるんだ、私」と思える気分のいい時間を過ごした人は、自分を信頼する「やればできる貯金」を積み重ねてきたようなもの。

なにかやりたいと思ったときに、「きっとできる」と思えるし、最高のパフォーマンスを発揮できる……。「自分を信じられる」って、なにより大きな財産でしょう？

反対に、いつも手を抜いていたり逃げまわっていたりすると、失敗体験を重ねているようなもの。どれだけ「自分はできる」と思い込もうとしても、心の奥底で、「いやいや、ムリでしょ。これまでもやってこなかったんだから」と信じられないために力が湧いてきません。

また、最近、私がつくづく感じていることは、この「やればできる貯金」は、やることが変わっても、何にでも使えるということです。

25歳まで、なんの目標もなく、フリーターをしていた男性がいました。

その彼が、なぜか突然ふと、「東京から沖縄まで、自転車で行ってみよう！」と思いついて、出発したそうです。しかも、ママチャリでお金もほとんどもたずに。

最初は、簡単に考えていたものの、そこには、途中でタイヤがパンクしたり、野宿で寒かったりで、想像を超えるつらい道のりが待っていました。

まわりの家族や友人にも宣言して出てきた手前、「ケガをしたとか、自転車が壊れたとか言って、やめることはできないか」と、道中ずっと言い訳を考えていたといいます。

しかし、そのたびに「いや、もうちょっと行ってみよう」と思い直し、なんとか沖縄に到着。

すると、突然、「そうだ、スキーのフリージャンプ競技に挑戦してみよう！」と思ったのだとか。スキーをやったこともないのに、ずっとあこがれていたことを思い出したのです。で、北海道に行き、アルバイトをしながら、ジャンプ競技でもメキメキと実力をつけ、大きな舞台でも活躍するようになりました。

選手生命は数年間続き、「やるだけやったから悔いはない」と言います。そして、次に彼が挑戦したのは、「小学校の先生」。教員の免許をとるために再び大学に通い、そしてついに、その目標も実現しました。

彼は、一つひとつ、やりたいことを精一杯やってきたから、目標が変わっても、「きっとできるはず」と思えたのです。ジャンルが違っても「やればできる貯金」は有効です。

いちばん自分を信じられなくなるのは、「やりたいことをやらない自分」。

言い訳をしたり、先送りしたりしていたら、自分への信頼は積み重ならず、「どうせムリ」とやりたいことを永遠に叶えることができなくなってしまいます。

やりたいことをやるとき、自分に対するいちばんの説得力は、どんな理屈よりも、これまでの行動であり、いまの自分です。

時間を積み重ねて手に入れたものほど尊いものはありません。

仕事、生活、人間関係、夫婦愛、親子の絆、友情……あれこれあっても続けていれば、いつのまにか、それに対する「信頼」が積み重なっていきます。

見えない時間の貯金は、いまこのときも積み重なっています。まずは今日やりたいと思ったことに少しだけ手をつけてみる……そんなちいさいところから始めてみませんか？

死ぬときに後悔しない時間の習慣

ちいさな「やればできる」を積み重ねる

第8の習慣

時間の質を上げる

「贅沢な時間」をつくるルール

これからの時間をどう過ごしますか

「毎日、繰り返される時間」を大事にする

「贅沢な時間」というと、何を想像するでしょうか?
高級旅館で温泉に入っている時間でしょうか? ゆっくり映画を観ている時間でしょうか? 大好きな人と会っている時間、自然のなかを散歩している時間、なにもせずにぼーっとしている時間……。人それぞれの〝贅沢〟があるでしょう。

〝贅沢〟というと、必要以上に、お金や物を使ってしまうような意味がありますが、「時間の贅沢」とは、「豊かな時間を過ごす」という意味。誰もが、何よりも欲しいと思っているはずです。

とくに、いつも「時間がない」と何かに急《せ》かされ、忙しい毎日を送っている人にとっては、「時間の贅沢」は「心の贅沢」でもあります。単に時間があるだけでなく、心が満たされている時間のことを、「時間の贅沢」というのでしょう。

さて、その〝贅沢〟についてですが、私たちは、特別なことがあるから贅沢、特別なものがなければ贅沢でないと、つい考えてしまいがちです。

もちろん、特別な幸せは、ないよりあったほうが、心は満たされます。特別な旅行や、特別な食事、特別な人と過ごす機会などは、私たちをたいへん喜ばせる「贅沢な時間」です。が、特別なことがなければ心が満たされないのなら、そのときだけしか「贅沢な時間」はもてないということになってしまいます。

特別なことがなくても、お金をかけなくても、心が満たされるなら、毎日を贅沢に過ごすことができるでしょう。

かつて親戚の女の子が、みんなで昼ご飯を食べるときに、「今日は天気がいいから、ピクニック気分で食べましょうよ」と、ベランダにゴザを敷いて、ごく普通の焼きそばを並べたことがありました。彼女は、普通のことに、ちょっと手を加えることが大好きなのです。

新しい靴をおろすときは、「今日は一日、アメリカ人の気分で過ごしてみます」と、真新しい運動靴で、家じゅうを歩きまわっていました。学校帰りには、野原にきれいな花が咲いていたからと摘《つ》んで帰り、きれいにラッピングしてプレゼントしてくれましたっけ。

そんな〝感受性〟と〝工夫〟をもてたら、人生は豊かになっていくでしょう。

いまある時間に目を向け、丁寧に行動しようとするだけでも、時間は豊かになっていきます。ただお茶を淹《い》れて飲むのではなく、最適なお茶の量と、最適なお湯の温度を確かめて、最適な時間で、お茶の濃さを調整する。お気に入りの茶碗に、ゆっくりとお茶を注ぐ……。仕事の合間に、「あぁ、おいしい」と、ひとときの贅沢を味わえたら、リフレッシュして、また仕事にも向き合えるでしょう。

なんでも、丁寧にしようとすると、心が温まってくるのです。

雑にしていると、心が寒々と冷え切ったままです。

「三度の食事の時間」「身支度をする時間」「お風呂に入る時間」「眠る時間」など、毎日繰り返される一つひとつの時間を、丁寧に送ろうとすることで、特別なことをしなくても、心豊かになっていくでしょう。

「そんなことをいっても、時間がなくって……」と焦る気持ちもわかります。なんとなく生きていると、目先の心配事でいっぱいになって、いまを味わう余裕がなくなってしまうのもわかります。が、どれだけ急いでも、時間はそんなに変わらないのです。むしろ、慌《あわ》てていると、失敗したり、忘れ物をしたりで、余計、時間をとられることになったりもします。

私たちは、一つの時間に、一つのことしかすることはできません。

焦ってもう一つのことをいっぺんにしようとしたり、考えようとしたりしても、それに対しては生産性はないのです。

ならば、心配事は忘れて、いまやっていることを大切にしたほうがいいでしょう。

ほんとうの贅沢は、一日一日を心地よく、丁寧に過ごすこと。

じつは、毎日の食事も、毎日の家族との会話も、毎日の家事や育児も、その時間は特別なものです。必ず、その時間には限りがあります。

「いま、ここで、これができていること」に感謝の気持ちをもって味わおうとすることも、時間の贅沢になっていくのでしょう。

死ぬときに後悔しない時間の習慣

「いつものこと」を丁寧にする

「感動する時間」を大事にする

人生において何が贅沢かって、「これはすごい！」と感動する時間ではないでしょうか。

この本の冒頭で、時間が短く感じるのは、「新鮮さがなくなって単調になるから」というお話をしました。いつも人と出逢ったり、旅をしたり、子どもを育てたり……と、なにかしら環境に変化がある人は、日々感動することに出逢うでしょう。

しかし、日々、淡々と同じことを繰り返している大人は、新鮮さとともに、感動を味わうことも少なくなってくる、という声もちらほら聞こえます。目新しいことはあまりなくなり、「知っていること」ばかりになるというものです。

感動しなくなったら、毎日はつまらなくなり、〝時間の質〟は低下していきます。

感動というのは、一つのエネルギー。心が動かなければ、力も湧いてこなくなり、頭も硬直してしまいます。成長も止まってしまうでしょう。

しかし、私は大人こそ、これまでなかった感動が増えてくると実感しているのです。最近、田舎で暮らしてみて、ささいなことに、いちいち感動するようになりました。新鮮なことを始めたからということもありますが、もっと大きな理由は「見えなかったことに気づいた」というものです。知識や経験が増えたからこそ、改めて「そうだったのか！」と感動に出逢えるようになったのです。

たとえば、竹垣にする竹を切っていると、竹のぐんぐん成長するエネルギーがすさまじいものであることがわかります。竹の幹が空に向かって伸び、根が下に下にと伸びているのを目の当たりにして、いつも食べている筍《たけのこ》がいかに、私たちの体に成長のエネルギーを与えてくれているかを理解できます。そして、庭先に出てきた筍を湯がいて食べるとき、「筍っていい仕事をしているなあ」と、しみじみ感動しつつ、贅沢に味わうのです。

都会でも地方でも、大人は感動することは多くあります。たとえば、若いとき、明治神宮の森を見ても、さほど感動しなかったのに、あれこれ、ものを見る経験が増えてくると、「やっぱり、この森はすごい！」と、その木々のうつくしさに圧倒されます。それが「遠い未来を予測して自然にまかせた計画的人工林であること」「全国から木々を集めるために、とんでもなく多くの人が参加したこと」などを知っていると、感動もひとしおです。

その裏側にある物語を知ると、同じものを見ても、改めて感動するのです。
よく一人暮らしや子育てをして、親のありがたさがわかった、という人は多いものですが、同じ立場を味わうことで、これまで「見えなかったものに気づく」のでしょう。

さて、「感動しましょう！」といっても、なかなか感動できるものではありません。感動するために、感動を探す、というのも、おかしな話です。感動というのは、なにかに触れたときに、自然に湧き上がってくる感情なのですから。

感動を増やし、贅沢な時間を増やしていこうと思うなら、好奇心の赴くままに、動いていくことがいちばん。そうすれば、自然に知識や経験は増えますから。

人の感動するポイントは、人それぞれ。知り合いの学生に「このゲーム、すごいんですよ」などと、その機能のすばらしさを説かれても、興味のない私は心が動きません。反対に「自然ってすごいのよ」と私が自然の偉大さを伝えようとしても、興味がなければ「ふーん……」という感じでしょう。感動は、自分の興味があるポイントで、湧き上がってくるものです。

感動のもととなっているのは、何を学び、何を経験してきたか、という知識や経験。感動すれば、「もっと知りたい」と思います。知れば知るほど、そのストックは増えて感動は深くなっていきます。自然に心の新陳代謝が高まり、密度の濃い人生になっていくでしょう。

あたりまえの日常にも、改めて見ると、「すごい！」という宝の山がたくさんあります。いえ、そんなすばらしいものばかり。感動しないのは、「その価値に気づかないから」です。

虹が出た、夕陽がきれい、親切にしてもらった、素敵な人がいた、面白いものを見た……足元に目を向けてみると、私たちのまわりには理屈抜きで感動するものがあります。

ささいなことに感動できるよう、オープンで、余裕のある心にしておきたいもの。「気づこう」とする気持ちがあれば、最期の最期まで感動し、上質な時間を味わえるのです。

死ぬときに後悔しない時間の習慣

身近な「感動」に気づく

「経験する時間」を大事にする

いまの時代や環境は、「やりたいことができる」、そして「幸せで贅沢な時間が味わえる」という自由があるのに、その幸運に気づいていない、気づいてもそうできないと思い込んでいる人がいるようです。

「やりたいことをやって生きていける」という保証がないからでしょうか？「簡単にできるわけがない」と自分を信じられないからでしょうか？

それとも、何かを失うことを怖がっているのでしょうか？

でも、振り返ったとき、「あれをしておけばよかった」「あれに挑戦しておけばよかった」と思うことは、ほとんど「やればできること」であるはずです。

私が「自分のやりたいことをやりましょう」と繰り返し伝えてきたのは、一つは、その動いているときが喜びを感じる贅沢な時間になるから。そしてもう一つは、その経験が積み重なると、さらに贅沢な時間が生み出せるからです。

私がいまの仕事にたどりつくまでの道のりは、さまざまなことを経験して、「心地いい贅沢な場所」を見つける旅路でした。

「やりたい」と思ったことは、とりあえずなんでもやってみました。やりたい仕事をやってみる。行きたいところに行き、食べたいものを食べ、会いたい人に会いに行く……。動いていれば、「やりたいこと」「やれること」もわかってきますが、同時に「やりたくないこと」「やれないこと」も痛いほどわかってきます。

経験を重ねて、そこから自分の心の声に耳を傾けることの繰り返しでした。

そうすることでしか学習できなかった、といってもいいでしょう。

ときどき、「やりたいことがわからない」「やりたいことがない」という人がいます。それは、経験が不足していることも理由の一つ。そんな人には、「やりたい」「やりたくない」は関係なく、なんでもやってみることをおすすめします。あえて、やりたくないことをやってみるのもいいかもしれません。動いていれば、なにかしら心の声が聞こえてきますから。

ただ、私は、経験値が高ければいい、多種多様の経験をすればいいというものではないと思っています。よく、ずっと同じことをやってきた将棋士やスポーツ選手などが「経験を積み重ねれば、勘で動けるようになる」というようなことを言いますが、それは、一つのことを続けてきた時間が膨大に積み重なって、頭で考えなくても動けるようになるからでしょう。

仕事においても、学生時代から、「これがやりたい」と情熱を傾けられることに出逢って、一つのことで大きな喜びや、やり甲斐を感じている人もいます。

一方、人にはできないような経験をしていても、つまらないことでしくじって起き上がれずにいたり、前に進むことをやめてしまったりする人もいます。

「もう二度とこんな目には遭いたくない」というようなつらい恋愛を経験した人でも、何度も同じような恋愛を繰り返してしまう人もいれば、その教訓をふまえて幸せになれる恋愛をする人もいます。

経験は、数の問題ではありません。要は、単に経験をすることでなく、経験をどう受けとめて、どう動いたか、が大事なのです。

かつて私がちょっとした病気をしたとき、大病で命の危険に晒《さら》された経験のある女性から、こんなメッセージをもらいました。

「病気は、その後、必ず私たちにいい影響を与えてくれると信じています」

彼女は、病気になった経験をもとに、「食」の研究家としても活躍しているのです。

「やりたくなかった経験」からも、すばらしい人生、贅沢な時間が導きだされます。

誰も好きこのんで、つらい経験をするわけではありませんが、生きていれば、必ず、いい経験にも、そうでない経験にも突き当たります。挫折や葛藤など、どんな経験も、次の上質な時間を手に入れるための〝糧《かて》〟となるのです。

経験することで、時間の質が高まっていきます。

「経験を大事にすること」は、「時間を大事にすること」であり、「自分を大事にすること」です。

まずは、心の声に従って、ちいさいところから一歩、前に進んでみようではありませんか。

死ぬときに後悔しない時間の習慣

どんな経験も「生きる糧」と考える

「時間に縛られない時間」を大事にする

あるテレビ番組で、「いま欲しいものは何か?」というアンケートがありました。いちばん欲しいものは「時間」、2番目は「お金」、3番目は「何もない」。いかに現代人が「時間がない」、つまり時間に縛られていると実感しているかがわかる結果です。3番目の「何もない」というのも、ただ時間に操られることに慣れてしまって、自分の欲しているものがわからなくなっているのかもしれません。

「時間がない」というのは、「自分の時間がない」ということでしょう。「時間はある」はずです。ただ、あれこれまわりに振りまわされて、「他人のために使う時間(縛られた時間)」はあっても、「自分のために使う時間(縛られない時間)」はないということ。「贅沢な時間はどんな時間?」と聞かれて、「休みの前の晩、時間を気にせず家飲みをすること」「休日の朝、二度寝をすること」「連休をとって、旅行すること」など、時間に縛られず、自分のために使える時間を挙げる人も多いのではないでしょうか。

まずは、いまの時間が「他人のための時間（縛られた時間）」なのか、「自分のための時間（縛られない時間）」なのか、ちゃんとわかっておく必要があります。心がつねに後ろを向いているようであれば、それは「他人のための時間」であるということでしょう。

ともかく、これは人生において、極めて重大な問題です。「みんなそうだから」「仕方がないから」と流されていては、時間は取り戻すことができません。

「自分のための時間」を生活のなかに取り入れていかなければ、「他人のための時間」、つまり他人のために生きているようなものですから。

最後にもう一度、「自分のための時間」を取り戻す2つの解決方法をお伝えします。

一つは、「自分のための時間」から確保することです。「やりたいことをやる時間」「家族とともに過ごす時間」「好きな勉強をする時間」「遊ぶための時間」など、人生において、大切な時間から優先的に、スケジュールに入れてしまいましょう。

「そんなのムリ！」と決めつけないでください。

もちろん、仕事や家事、育児、介護など、やるべきこととの折り合いをつける必要はあるでしょうが、それでも、「これだけは、しっかりやらせていただきます！」と、「自分のための時間」を確保するだけで、だらだらとする時間はなくなり、最大限に時間のやりくりをするようになってくるはずです。多くの人は、「他人のための時間」の余った時間で「自分のための時間」をつくろうとするから、いつまでたっても、「時間がない」のです。

そして、もう一つ。それでもやはり「自分の時間がない」と嘆《なげ》く人は、いまやっていることを「自分のための時間」に、徐々にシフトしていくことが、現実的な解決方法です。

つまり、「他人のための時間＝自分のための時間」に変えていくのです。

実際問題として、縛られている時間は、「お金のため」「生活のため」「人間関係のため」など、生きていくために「仕方がない」とあきらめつつ、割かれている時間でしょう。

それらを「自分のための時間」と思うには、「やりたいからやっている」という実感をもつ必要があります。

仕事においては、好きなことをやっている人は、何の問題もないでしょうが、そうでなければ、やっている仕事を好きになることです。叶えたい目標をもったり、ちいさな喜びが生きがいになったりしていきます。

「やりたいから、やっている」「自分で積極的にこの仕事を選んでいる」という実感がもてれば、しめたもの。会社に縛られていると思う時間も、「会社に、自分のスケジュールを管理してもらっている」くらいに考えればいいでしょう。

また「子どもを育てるため」「生活費を確保して好きなことをするため」など、大切なもののために目的をもつことでも、その時間は意味のあるものになるはずです。

それでも仕事が嫌でしょうがないなら、やりたいことを見つけて、早めに仕事や生活スタイルを変えたほうが賢明です。嫌々やっているその時間は、何年、何十年と続くのです。

時間は、人生において、何よりも大切な財産なのですから。

家事や育児、介護、人づき合いにしても、結局は自分で選んでいる時間。「やりたいからやっている」と思えることが大事です。「じゃあ、やりたくないなら、やめますか?」と問うと、多くは「いやいや、これはやりたいです」となるはずです。

必ず、そのなかには楽しめることや、「やってよかった!」と喜べることがあるでしょう。それでも、心が重くなるようなら、ある程度、手放したり、人に助けてもらったりすることが必要かもしれません。

私は、人生後半になろうとするころ、「これからはお金のために働きたくない」と考え、最初は「やりたい仕事」と「お金のための仕事」をきっちり分けました。「お金のための仕事」といっても、やりたい仕事をするためのほかの仕事の時間なので、どんな職種でも、「ありがたいお仕事です。やらせていただきます！」という積極的な気持ちで仕事に向かえました。

だんだん「お金のための仕事」よりも「やりたい仕事」の時間が多くなって、それだけで暮らせるようになり、いまは、「お金のために働いている」という感覚はあまりありません。いえ、まったくないといえば嘘になりますが、「好きなことをやらせてもらって、お金までもらえるなんて、ありがたすぎる」という感覚なのです。

それは私にとって、まさに「贅沢な時間」といっていいでしょう。

生活も人づき合いも、他人のために使う時間も自分の「やりたい」と思う範囲でやっているので、すべてが自分で選ぶ「自分のための時間」です。

これは、私がフリーランスだからということではないのです。勤め人であっても、「やりたいからやっている」という積極的な感覚をもてば、何かに縛られない「自分のための時間」になっていくのではないでしょうか。実際、楽しそうに仕事をやっている人のなかには、「会社に縛られている」という感覚をもっていない人もいるはずです。

友人が別会社の人たちと居酒屋で飲んでいたときの話です。別会社の一人がこんなことを言ったとか。

「仕事でキツイ時間が続いても、終わった後、おいしいビールを飲めるかと思うとがんばれるんですよね」

友人の会社の人たちは、「え？　そんなふうに思ったことはないなぁ」とキョトン。

「仕事をやっている時間が楽しくてたまらないから、その時間が終わってほしいなんて思ったことがない。この時間がずっと続けばいいと思ったことはあるけど」

彼らはほんとうに自分の仕事が好きでたまらないのです。しかも、残業はほとんどなく、家族の時間や、遊ぶ時間、学ぶ時間なども、しっかり確保しています。

こんな積極的な感覚で過ごせたら、時間は「縛られている時間」「奪われている時間」という感覚から、自分が「与えてもらっている時間」という感覚になってくるでしょう。

「早く終わればいいのに」なんて思いながら時間を過ごすなんて、もったいない。「早く定年にならないかな」と我慢して過ごすのも、大切な時間を無駄にしていることになります。

「自分のための時間」というのは、「自分で積極的に選んでいる時間」。どんな立場であっても、すべての時間に、「自分でやりたいからやっている」という感覚があれば、24時間365日、「自分の時間」を手に入れることも可能です。

そして、もう一つ実感しているのは、「やりたいから、やっている」という自分の時間を確保するためには、生活のランニングコストを抑《おさ》える必要があるということ。

分不相応の生活を維持しようとすれば、いつまでもお金のために働くことになり、ほんとうにやりたいことにかける時間もお金も、なかなか手に入らないでしょう。

ファイナンシャルプランナーの友人によると、お金がいちばん貯まらないのは、年収800万から1000万円前後の世帯だとか。それ以上になると、優雅な生活をしていても貯まっていく。年収500万円以下の家庭も、身のほどを知っているので、節度をもって使い、貯金もする。「自分たちはお金を自由に使える」と特別意識をもっている人は、食べるもの、着るもの、住まいや交際も華やか。まわりに流された生活をしていると、散財することになります。そして、そのお金は、まぎれもなく自分や誰かの「働く時間」で買っているのです。

時間もお金の貯金と同じで、時間のうちの「大事な時間を天引きする」「ランニングコストを抑える」というイメージをもつといいでしょう。

生活のランニングコストを抑えたら、「働かなければいけない」という時間のランニングコストも抑えられます。

生活スタイルを変えるのも一つの戦略ではありますが、そうでなくても、工夫次第で、生活のコストは抑《おさ》えられるはずです。

ただし、時間はお金のように貯金ができません。

「いま」という時間は、一つひとつが過去に遠ざかっていく時間です。

だから、その時間を、少しでも、喜びのある時間に変えていく必要があるのです。

ほんとうの時間の豊かさとは、「まだ時間がある」「もう時間がない」と時間にとらわれず、その場面ごと一瞬一瞬を味わいながら過ごす時間のことなのでしょう。

死ぬときに後悔しない時間の習慣

「やりたいからやっている」という時間を増やしていく

もう一度、最後に。

〈「時間がない！」を捨てて、自分ための時間を生み出す3つの約束〉

1□まず自分にとって、「大切な時間（自分のための時間）」から確保する。

2□やっていることを、「やりたい時間（自分の時間）」にシフトする。

3□生活と時間の「ランニングコスト」を抑える。

あと残りが3日間の命なら――。

過去を振り返ったときに、輝いているのはきっと、「よくやったな」と自分を誇りに思える時間、「あれはほんとうにうれしかった」という幸せな時間、そして、「あの人がいてくれてよかった」「あの人が喜んでくれてよかった」と人の愛情に包まれたやさしい時間でしょう。

そんな贅沢な時間を、いまから少しずつでも、つくっていこうではありませんか。

あと残りが３日間の命なら――。

太陽の暖かい光や、窓から見える青い空、うつくしく咲いている花、一食一食の食事、一人ひとりとの会話……それらをしっかりと噛《か》みしめるように味わうでしょう。

自分を苦しめる感情も、人と比べることも、物質的なものも、すべては無意味なものです。

自分が幸せになれることだけをしようとするでしょう。

そんな贅沢な時間を、いまから少しずつでも味わっていこうではありませんか。

それがいつであろうと、どんなことがあろうと、「あぁ、いい人生だった」と思えるときのために。

●著者プロフィール

有川真由美 ARIKAWA MAYUMI

作家・写真家。

鹿児島県姶良市出身、台湾国立高雄第一科技大学応用日本語学科修士課程修了。化粧品会社事務、塾講師、科学館コンパニオン、衣料品店店長、着物着付け講師、ブライダルコーディネーター、フリーカメラマン、新聞社広告局編集者など、多くの職業経験を生かして、働く女性のアドバイザー的な立場で書籍や雑誌などに執筆。46カ国を旅し、旅エッセイも手がける。

著書は、ベストセラー『感情の整理ができる女は、うまくいく』（PHP研究所）、『よわむしの生き方――必要な人になる50のルール』『感情に振りまわされない――働く女のお金のルール』『人にも時代にも振りまわされない――働く女の仕事のルール』（小社）他多数。

きずな出版

「時間がない」を捨てなさい

死ぬときに後悔しない8つの習慣

2016年7月10日　初版第1刷発行

著　者　有川真由美
発行者　櫻井秀勲
発行所　きずな出版
東京都新宿区白銀町1-13　〒162-0816
電話　03-3260-0391
振替　00160-2-633551
http://www.kizuna-pub.jp/

ブックデザイン　福田和雄（FUKUDA DESIGN）
編集協力　ウーマンウエーブ
印刷・製本　モリモト印刷

ISBN978-4-907072-65-0

好評既刊

人にも時代にも振りまわされない―
働く女《ひと》の仕事のルール
貧困と孤独の不安が消える働き方
有川真由美

「一生懸命働いても貧困」「年をとるほど仕事がなくなっていく」という状態に陥らないために、いま何を選択するのか。

本体価格1400円

感情に振りまわされない―
働く女《ひと》のお金のルール
自分の価値が高まっていく
稼ぎ方・貯め方・使い方
有川真由美

ベストセラー『感情の整理ができる女（ひと）は、うまくいく』の著者が明かす、お金に困らない人生を手に入れる方法。

本体価格1400円

よわむしの生き方
必要な人になる50のルール
有川真由美

不器用だけど、自信ないけど、それでも頑張って生きていく…「私もそんな“よわむし”でした」という著者から、あなたに伝えたい自分の居場所で幸せに暮らす方法。　本体価格1300円

いい女は「変身させてくれる男」とつきあう。
女を磨く56の覚悟
中谷彰宏

優等生の着ぐるみを脱がせてもらおう――「いい女」とはいったいどんな人のことなのか。どうすれば「いい女」になれるのか。新しい自分に出会う本。

本体価格1400円

男前収納でキレイになる片づけのコツ
「バッグ」の中から始める「自分」と「部屋」の美人化戦略
園藤ふみ

男前収納の実践法から、事例までを豊富に収録。読んですぐ行動に移せる、新しい片づけ本！

本体価格1400円

運命の約束
生まれる前から決まっていること
アラン・コーエン 著／穴口恵子 訳

「この本であなたの運命を思い出してください」――作家・本田健先生 推薦！

著者の愛にあふれる文章とともに、「運命」「人生」について考えることができる一冊。

本体価格1500円

※表示価格はすべて税別です

書籍の感想、著者へのメッセージは以下のアドレスにお寄せください
E-mail：39@kizuna-pub.jp

きずな出版
http://www.kizuna-pub.jp